南诏国与大理国的兴衰

经典云南

李丽芳 ◎ 著

云南出版集团公司
云南教育出版社

图书在版编目(CIP)数据

南诏国与大理国的兴衰 / 李丽芳著. —昆明:云南教育出版社,2012.2
(经典云南丛书)
ISBN 978-7-5415-6234-1

Ⅰ.①南… Ⅱ.①李… Ⅲ.①南诏-历史-研究②大理白族自治州-地方史-研究 Ⅳ.①K289②K297.42

中国版本图书馆CIP数据核字(2012)第024527号

书　　名	南诏国与大理国的兴衰
作　　者	李丽芳
策 划 人	李安泰　杨云宝
组 稿 人	吴学云　邹悦悦
出 版 人	李安泰
责任编辑	尚　语
装帧设计	向　炜
责任印制	赵宏斌　张　旸

云南出版集团公司
云南教育出版社 出版发行

昆明市环城西路609号 www.yneph.com

全国新华书店经销
云南新华印刷实业总公司一厂印刷
2012年9月第1版　2012年9月第1次印刷
787毫米×1092毫米　1/32开本　2.625印张　71千字

ISBN 978-7-5415-6234-1
定价 4.80元

总　序

云南，从渺远神秘而又带着蛮荒色彩的"彩云之南"走到今天，一步一个脚印跋涉在中华大地上。

云南山水，多娇诱人。

闻名遐迩的喀斯特地质奇观石林，奇妙无比。

迷人的高原深水湖泊抚仙湖，凝波如玉。

秘境香格里拉的高山草甸，杜鹃如火；巍峨雪山，苍茫古远。

低纬度的明永冰川，从古流到今；高黎贡山的各色鲜花，从冬开到夏。

大理的风花雪月，丽江的小桥流水，版纳的原始森林，腾冲的地热奇景，泸西的阿庐古洞，怒江的东方大峡谷，令人陶醉。

七彩云南，蕴涵的又何止是奇山美水?!

这里，有寒武纪早期生物大爆炸的典型：澄江动物化石群。这里，诞生了中国最古老的人类：元谋人。这里，曾崛起过古滇国、哀牢国、南诏国、大理国。这里，有蜀身毒道、秦五尺道、茶马古道、滇缅公路、驼峰航线。这里，有世界上唯一活着的象形文字"东巴文"。这里，出现了中国第一个海关、第一座水电站、第一条民营铁路。

这里，有与黄埔军校齐名的云南陆军讲武堂。

这里，爆发过反对清王朝统治的重九起义。

这里，在袁世凯复辟帝制时，率先通电全国，举起了护国运动的大旗。这里，举办过名垂青史的西南联大，并爆发了震惊全国的"一二·一"运动。这里，曾经涌现了杨振鸿、张文光、蔡锷、李根源、唐继尧、庾恩旸、刀安仁、杨杰等一个个热血汉子；这里，也曾经孕育出书法家钱南园、医药家兰茂、数学家熊庆来、军事家罗炳辉、哲学家艾思奇、音乐家聂耳、诗人柯仲平、舞蹈家杨丽萍、诗书画三绝的担当大师等文化奇才。

朱德、叶剑英，在这里留下了坚实的足迹；徐霞客、杨慎，在这里留下了自己的千古绝唱。

这里还有神奇的云南白药、剔透如玉的云子、独树一帜的普洱茶。

这里的僰人悬棺、纳西古乐、摩梭走婚、白族三道茶、彝族跳菜等滇人风貌和民族风情，更是诉说不尽。

"经典云南丛书"像一根线，把散落于三迤大地的粒粒圆润闪亮的珍珠串连起来，呈现于您的眼前，让您清晰地看到云南山水奇观、人文历史和民族风俗的经典篇章，让您在愉快的阅读体验中增加知识、增长见闻、解密未知。

"经典云南丛书"为百科式解读云南的通俗性读物，融知识性、趣味性、探秘性与时代性为一体，以一种新的视角和叙述方式展现云南的独特之美，以满足人们了解云南、探秘云南、遨游云南的愿望，希望我们所做的一切已达到了。

编　者

目　录

一、南诏王朝淡淡的背影 …………………………………… 1

二、南诏王国的崛起 ………………………………………… 4

三、"云南王"——蒙归义 ………………………………… 10

四、天宝大战——血染苍洱 ………………………………… 17

五、初生牛犊不怕虎——第二次天宝大战 ………………… 21

六、苍山会盟与贞元册南诏 ………………………………… 29

七、大理称雄——南诏更迭的政权 ………………………… 42

八、"妙香国"与皇帝和尚 ………………………………… 48

九、元跨革囊——大理国的灭亡 …………………………… 67

十、结束语 …………………………………………………… 78

一、南诏王朝淡淡的背影

历史的沧桑巨变在苍山洱海周边地区留下了一个王朝——南诏王朝的淡淡的背影……

巍峨的苍山，像一只巨臂一样，高耸入云的苍山十九座山峰，望夫云缭绕玉局峰，山脚是绮丽、柔美的洱海，烟波茫茫，风帆点点……

相当于中原唐朝时期，约738年至937年之间，在云南洱海地区出现了六个比较大的部落联盟，史称六诏。这六诏分别是蒙嶲诏——大约在今天的巍山县北部至漾濞县；邓赕诏——约在今天的邓川县；浪穹诏——约在今天的洱源县；施浪诏——约在今洱源青索乡一带；越析诏——约在今天的宾川一带；蒙舍诏——在今天的巍山县一带。蒙舍诏地处六诏的最南面，所以又被称为南诏。六诏不相臣服，各自为政，其中蒙舍诏势力最为强大。

"诏"是当时少数民族对王的称呼。在六诏中，南诏势力最强，它在不断发展的过程中消灭了其他五诏，统一六诏，这主要得益于唐王朝的大力支持。7世纪中叶，吐蕃势力崛起并逐渐南下，延伸到云南洱海地区和四川盐源一带，兵锋直逼成都，直接危及唐王朝对西南地区的统治。在这样的形势下，唐王朝采取的重要决策之一就是加强对南诏势力的扶植，希望借此能遏制和消除吐蕃在洱海地区的势力和影响，同时达到控制滇池、洱海地区的目的。另外，在六诏当中，蒙舍诏也是一个雄心勃勃、具有战略远见的部族，在政治上显得更加灵活和主动，对唐王朝一向采取亲附政策。细奴逻创建南诏蒙舍王国以后，就多次派遣各级人员到长安城朝觐大唐皇帝。南诏人员每到长安，都受到大唐皇帝的召见。同时，第四代南诏王皮逻阁骁勇善战，他不断征服各个诏都的捷报传到了唐朝皇帝的手中，又有其子阁罗凤鼎力相助，皮逻阁更是如虎添翼。经过艰难的战争，皮逻阁统一了六诏。他像是一卷狂风，呼啸袭来，将其他五诏的权力、土地统统收入自己的囊中。

唐开元二十六年（738年），唐王朝册封蒙舍诏第四代诏王皮逻阁为"云南王"。至此，南诏的概念不再是指那个仅占据巍山地区的南诏，而是据有云南以及更广阔区域的，与中原王朝保持密切联系的边疆民族地方政权。统一后的南诏，经济发展，人民生活富裕，社会呈现出"家饶五亩之桑，国贮九年之廪"的繁荣景象。原来寂寞无所闻见的中国西南部广大地区，因南诏王国的出现，变得有声有色，并开始参加了中华的历史活动。

其实，自西汉武帝时起，中原王朝的势力便开始正式进入云南地区。伴随着王朝政治军事势力的介入，汉族移民、商人也开始逐步迁入云南，汉文化随之在云南传播。此后到唐朝初年的八个多世纪里，

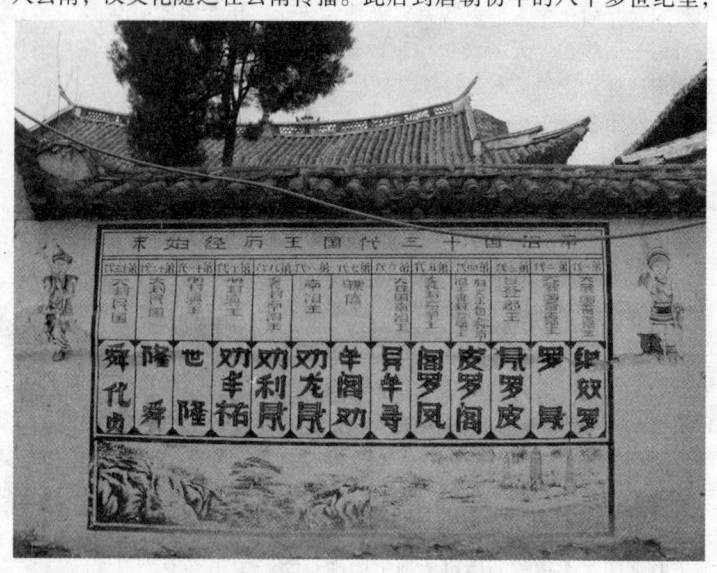

土墙上的南诏十三代王名榜

汉族移民与当地少数民族经过不断融合，由此引发了云南民族、文化、历史的改变，并形成了云南民族历史文化的主要特征。"大姓"与"夷帅"据地称雄，"土著"势力此消彼长。在这种复杂的政治形势下，众多迁入云南的汉族移民与内地失去了联系，为了在当地生存下去，不得不"变服从其俗"，走上"夷化"的道路。大多数汉族移民融入云南当地各少数民族之中，创造了云南灿烂的青铜文化，并进入到"椎髻、耕田、有邑聚"的定居农业民族群体之中。汉族移民与原土著农业族群的融合，最终促成了"白蛮"部落群体的形成。两晋南北朝时期，爨氏称雄于云南。爨分东西二部。今滇东及滇东北地区为"东爨乌蛮"分布区；滇中及滇西地区为"西爨白蛮"分布区。"西爨白蛮"是"白蛮"部落的主体。

南诏是中国历史上在西南边陲地区占有重要地位的少数民族建立的国家政权，自738年皮逻阁统一六诏起至902年郑买嗣篡权灭南诏止，首尾凡一百六十五年。其疆域包括今日云南全境和贵州、四川、西藏的一部分，以及越南、缅甸的部分地区。南诏蒙氏政权自细奴逻到舜化贞，经历了十三代诏王的统治。他们是：第一代王细奴逻，第二代王逻盛，第三代王盛逻皮，第四代王皮逻阁，第五代王阁罗凤，第六代王昇牟寻，第七代王寻阁劝，第八代王劝龙晟，第九代王劝利晟，第十代王晟丰佑，第十一代王佑世隆，第十二代王隆舜，第十三代王舜化贞。如今，这十三代诏王早已消失在历史激荡的风云之中。背靠苍山、面向洱海的南诏古城太和城的红墙黄瓦、高大巍峨的南诏王宫只剩下很少的遗迹，在历史的黄昏中只留下点点昏暗的身影；太和城前矗立着南诏德化碑，经过历史的凄风苦雨的浸泡，文字早已斑驳；剑川石宝山，石钟敲响，巨大的石窟，第二窟"阁罗凤出巡图"的石像，留下了石头写就的历史，保存着南诏一代君王的身影……这些都曾与南诏王国紧紧相连。

二、南诏王国的崛起

巍山是南诏的发祥地，南诏国前四代王细奴逻、逻盛、盛逻皮、皮逻阁都在巍山建城。巍山地处哀牢山和无量山上段，境内河谷、盆地、山地相间分布，土地肥沃，资源丰富。这里海拔悬殊较大，其中河谷最低海拔1146米，山地最高海拔3037米。高山河流，气势磅礴。气候属北亚热带高原季风气候。

南诏国王姓蒙，始祖名舍龙，生子细奴逻。649年，细奴逻在巍山境内建立蒙舍诏。经过四代诏王的努力，南诏终于成为六诏中最为强大的一诏。

传说始祖蒙舍龙是为了避仇家自哀牢（今云南保山）迁居到蒙舍川。舍龙生子龙独逻，又名细奴逻。唐贞观二十三年（649年），蒙舍酋长张（张是白蛮大姓）乐求让位给细奴逻，细奴逻开始实行世袭制。653年，细奴逻遣子逻盛入唐朝，唐高宗任细奴逻为巍州刺史。南诏对唐十分友好和恭顺，得兼有阳瓜州（今云南巍山）土地。674年，细奴逻去世，年58岁，后来追尊为奇嘉王，庙号高祖。其子逻盛继位。逻盛又名逻盛炎，蒙舍诏第二代诏王。唐永徽五年（654年），蒙寓诏攻击蒙舍诏，细奴逻遣子逻盛入唐，求唐保护。674年，细奴逻去世，逻盛继位。逻盛多次入唐。712年，逻盛在长安病逝，年79岁，追尊兴宗王，庙号世宗。其长子蒙炎阁继位，结果没过多久就去世了（与父亲一样死在长安）。蒙炎阁之弟盛逻皮继位。盛逻皮在位期间与唐朝一直保持良好的关系。728年，盛逻皮病逝，年56岁，追尊威成王，庙号太宗。

作为蒙舍诏第一代诏王的细奴逻对蒙舍诏的发展壮大是有很大功劳的。细奴逻在位时，他在巍山修建城池，发展农业。他常常站在城池上向远方眺望，当看到巍山坝子里繁茂的庄稼和努力耕作的农夫时，他感觉到巨大的满足。他的臣民，蒙舍诏的老百姓平静地在这里生活着，生生不息地繁衍着。而另外五诏，它们由南向北依次排列着，也和谐地相处着。

盛逻皮去世后，唐开元十六年（728年），其子皮逻阁继位。皮逻阁为蒙舍诏第四代诏王，是六诏统一后的南诏国第一代诏王，也是南诏历史上最重要的一位诏王。在他继承王位之前，蒙舍诏只是六诏之一。当他当上诏王时，他所追求的已经不仅仅是像祖辈那样只要拥有粮食，让南诏的臣民吃饱喝足、安居乐业就行了。他有更大的野心，更宏伟的愿望，仅仅作为六诏之一的蒙舍诏如何能够承载他的理想呢？于是，一个称王的欲望如火焰般开始熊熊燃烧起来。他希望其余五诏，或更多的地盘成为南诏的属地，希望更多的人民对他称臣，他希望消灭五诏，成为统一的南诏……

皮逻阁想成为一代霸主，他深深地思考着，焦虑着。到底如何做，才能将五诏消灭掉，使之成为一个统一的南诏？这成了他的担忧，他的牵挂。他坚信，凭借着坚韧的信心，一切阻碍他实现雄才大略、一统六诏的障碍终将被清除。经过他的经营与拓展，蒙舍诏终于统一洱海地区，进兵爨地，并吞滇池地区。蒙舍诏发展成为"南国大诏"。"南诏"之名也由一诏而成为洱海地区之统称，南诏终于发展为统治整个云南及其周边广阔区域的西南地方政权。此等丰功伟业，与皮逻阁的雄才大略密不可分。

六诏统一前，邓赕诏、浪穹诏、施浪诏及河蛮依附于吐蕃，而越析诏、蒙嶲诏及蒙舍诏（南诏）归附唐朝。

面对复杂的政治形势，皮逻阁审时度势，充分利用婚姻和亲与唐王朝支持这两把利剑，在保存实力的同时，发展与壮大自己。继位当年，皮逻阁即远赴成都会见唐剑南西川节度使王昱，请求唐王朝支持他统一六诏。他的请求获得唐朝廷的同意。因为唐王朝为减轻与吐蕃接壤的边患，便支持南诏统一各部落。737年，唐朝派御史严正海协助南诏攻下石和城、石桥城，占太和，袭大厘，逐河蛮，之后又继续兼并各诏，先灭越析，次灭三浪，又灭蒙嶲，很快统一了六诏，成立以西洱河地区为基础的南诏国。次年,唐玄宗赐皮逻阁名为"蒙归义",晋爵为云南王。738年,皮逻阁谋乘胜兼并五诏,请求合六诏为一。剑南节度使王昱向朝廷代请,得唐玄宗的允许。唐玄宗给王昱敕文里说,蒙归义效忠出力,讨伐西蛮,"彼(指五诏)持两端(附唐也附吐蕃),宜其残破"。当时唐与吐蕃争夺安戎城,战事激烈,皮逻阁攻五诏,有牵制吐蕃的作用。

这一年(738年),皮逻阁正式确立了南诏王国的地位。

739年,南诏皮逻阁迁都太和城(今云南大理),直到南诏王国消亡。

另一方面,皮逻阁充分利用婚姻和亲。皮逻阁娶了邓赕诏王丰咩的妹妹、施浪诏王施欠望的女儿遗南等女子为妻,与浪穹诏、施浪诏、白崖城三个部落结成联盟。这样,从唐开元二十年(732年)开始,皮逻阁率数万骁勇,经过五年的南征北讨,渐次灭掉其他五诏与河蛮,并击退了吐蕃的势力,摆脱了吐蕃的控制和压迫,并在洱海地区的上关、下关筑龙首关、龙尾关,在今喜洲筑大釐城,并派兵驻守,严防北部吐蕃的入侵和干扰。经过多年的苦心经营,皮逻阁获得了成功。

历史往往同情弱者而指责强者。皮逻阁军事征服五诏、统一洱海地区的过程,被人们演绎成"火烧松明楼"的故事,有人甚至说"松明楼上一把火,赢来南诏千秋业"。民间有这样一种传说,认为皮逻阁是采用不正当的手段"火烧松明楼",从而消灭五诏而成为南诏王的。故事说,皮逻阁为了消灭五诏,左思右想,终于想出了一个杀人灭口的毒计:设宴松明楼,请五位诏王前来祭祖,乘机将他们一网打尽。

用松枝搭起的"松明楼",散发出幽幽的清香。传统祭祖的日子终于到来,就在这年即唐开元二十一年(737年)六月二十四日这一天,皮逻阁召集另外五诏的诏王前来祭祀他们共同的祖先,传说他们的祖先和南诏王的祖先同是一母所生的兄弟。皮逻阁准备了足够的美酒，也准备了足够的美食。五位诏王开怀畅饮，他们毫无防备，酒酣之际，早已卸下了铠甲战衣，尽情地享受着。殊不知，他们将要为自己的麻痹大意而埋下生命的账单。看到已经烂醉的五位诏王，皮逻阁悄悄地下了楼，然后点燃了完全用最易燃烧的松枝搭成的酒楼。南诏上空，熊熊燃烧起一团团火焰，而诏王们毫无察觉，依旧畅饮着美酒。不多久的工夫，火焰已经染红了天际。等诏王们清醒过来，这一天已经成为他们的末日。皮逻阁眼看着松明楼坍塌，听着楼里诏王们的嘶喊声，望着熊熊燃烧的火焰，欣赏着自己用智力和杀戮的力量导演的这出戏，仿佛已经看见了他的南诏国崛起的曙光，心中暗暗地笑了。五诏已灭，蒙舍诏——南诏的诏王皮逻阁最终"雄魁六诏"，于737年尽收五诏入版图，完成了统一洱海区域的霸业。

由"火烧松明楼"，洱海边又引出了白洁夫人的故事和传说。据说，在大理地区，每年农历六月二十四日至二十五日的火把节，七月二十二日至二十三日的茈碧湖海灯会、喜洲等地的耍海会等民俗，都与纪念这位白洁夫人有关。

邓赕诏诏王的妻子白洁夫人美丽而聪慧，当她得知诏王，自己的丈夫收到皮逻阁要在星回节期间召集五诏诏王集会并举行祭祖仪式的请柬时，凭她的政治智慧以及对近来局势的观察，她便已预感到这是蒙舍诏欲加害五诏诏王、吞并五诏的阴谋诡计。她仿佛看到松明楼的熊熊大火烧去了她的爱人、她的生活、她的希望，她竭力劝说丈夫不要去赴宴。然而，邓赕诏诏王，她的丈夫没有听从她的劝告，执意前往。他觉得蒙舍诏依靠着唐王朝的势力已然十分强大，这时候如果拒绝皮逻阁的邀请，将引起不必要的战争。在丈夫临行之际，白洁夫人冥冥之中似有一种不祥之感，便将自己手腕上的一只铁手镯取下来戴在他的手腕上。她只希望自己的手镯陪伴着丈夫，就像是自己在他身边一样。

果然，松明楼一场大火吞噬了除蒙舍诏之外的五位诏王。听到丈夫的噩耗，白洁夫人只身前往，站在松明楼外，她闻到了一股浓重的焦味，她难以想象这是事实。推开门，望着眼前狼藉的一片，她拼命地用纤细的双手掏着灰烬，在一片废墟中挖刨寻找丈夫的骸骨，直至鲜血直流。她就是凭着戴在丈夫手上的那只铁手镯找到了丈夫的骸骨。蒙舍诏诏王，这位松明楼事件的策划者和行凶者皮逻阁被她的行为所感动，仿佛看到了神圣的女神，如此美貌、机智、忠心耿耿、心地善良，令他神往，于是他产生了要娶白洁夫人为妃的念头。感情取代了一切，并且这种念头立刻取代了他想称霸、他想要的那个宏伟目标的欲望。为此，皮逻阁答应了白洁夫人的要求，在松明楼下设置庄严的灵堂，以此祭奠诏王们的灵魂，并亲自将他们的灵柩送回遥远的故土安葬。既然皮逻阁已经决定娶白洁夫人为妃，那么必须准备世界上最美丽的花船前去迎接她，其间他们必须渡过宽阔的洱海。他答应了白洁夫人的所有要求，只要能够征服她、获得她，面对任何条件，他都答应、妥协，他难以抗拒这个女人。嫁娶的日子到了，当他们的婚船驶入洱海中时，一阵波涛侵袭而来。皮逻阁站在船头，任凭海风的吹拂，感受到了作为一个征服者的快感和胜利的喜悦。他伸出手想把身旁的美人搂在怀中，可是这一搂却搂了个空，白洁夫人像苍山上的白云一样飘然而去。他不甘心，白洁夫人马上要成为他的王妃，他作为一统江山的王者，怎么会抓不住她呢？他再一次张开双臂想要抱住白洁夫人，却又扑了个空。白洁夫人已经来到船舷边，并朝着翻滚着浪花的洱海纵身一跃。这一跃，她去到了一个自由的国度，一个属于自己的天堂，一个灵魂的归宿，一个没有战争与杀戮的土地，一个可以与她的爱人——邓赕诏诏王团圆的地方。皮逻阁瞬间怔住了，眼前这一切给他重重的一击，击败了一个骄傲的灵魂。皮逻阁命人打捞了三天三夜，却是徒劳一场空。他痴痴地望着洱海。偶尔，海风会拂过他的面庞……

关于白洁夫人的传说一直在洱海边广泛地流传。

这是一个传说，随着时光流逝，上千年前的历史只留下一些断句残语，留下点点滴滴。那些流传了上千年的故事，或留在古籍中的事件，你知道哪件事是真，哪件事是假？哪句话是真，哪句话是假？

另外一个版本的传说还描述了一个智慧的白洁夫人。据说白洁夫人知道蒙舍诏王皮逻阁欲强娶她为妻，一方面佯装同意，以麻痹皮逻阁，另一方面在安葬了丈夫后，以坚贞不屈的精神率领部众反抗蒙舍诏，决不屈服，直到最后。有传说她投海自尽，有说她绝食而亡。她的节烈再次感动蒙舍诏王，最终蒙舍诏王封她为"宁北妃"，又将她率众反抗所据有的城池命名为"德源城"。后来，人们把火烧松明楼的这一天，演绎成为富有纪念意义的"火把节"。

松明楼的历史灰烬早已随风飘去，只留下残阳如血。白洁夫人坚贞的爱情令青山失色，让洱海涨潮。而纵火者——南诏王皮逻阁，早已消失在历史的长河之中，但人们崇敬他、纪念他。

世界上曾经有这样一种人，他们刚烈坚韧，勇敢果断，锐意进取，渴望荣耀，崇尚光荣，他们凭借着自信与勇气、激情与梦想、勤奋与意志得到了一切，并为历史作出了贡献。但他们有污点，有疏失，甚至有罪恶，然而他们在疏失中是庄严的，在污点中是卓越的，在罪恶中也具有雄才大略，正如伟大的德国古典主义哲学家黑格尔所说：恶，才是推动历史前进的杠杆。

三、"云南王"——蒙归义

738年皮逻阁统一六诏，这只是其创立千秋基业的第一步。之后，他又把目光投向更广的云南东部的爨地。爨氏自东汉时期开始，逐渐控制了滇池以及滇池以东的地区。天宝初年，唐王朝加强了对云南东部的统治，在滇池地区筑城修路，这引起爨氏的不满。爨氏利用筑城修路给当地老百姓带来沉重负担的时机，鼓动民众联合起来，推举南宁州都督爨归王做首领，攻占安宁城，杀死了筑成使竹灵倩。事件发生后，唐王朝立即派中使孙希庄、御史韩洽、都督李宓率兵前去征讨，同时又诏令南诏王皮逻阁予以配合。通过平息这次动乱，南诏的势力也随之合法地由滇西发展到了滇池以东。总之，南诏以洱海地区为基础，实行"拓东、镇西、开南、宁北"的军事战略，向四方开疆

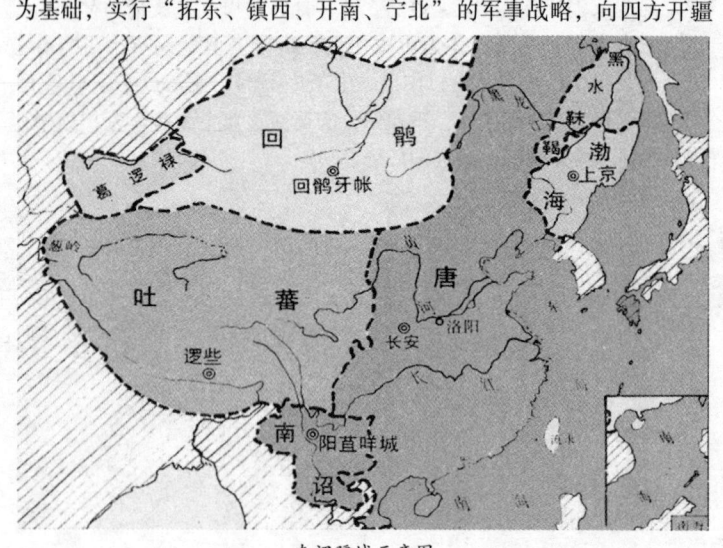

南诏疆域示意图

拓土。通过东并爨区（滇池地区）、西开寻传、北定越巂、南通骠国等一系列军事行动，南诏在东南西北四方建立了拓东城、安西城、铁桥城、会川城等一大批重要的城镇和军事要塞，统治区域大为扩展：东边与爨区相连，东南达越南北部，西边与印度接壤，西北部与吐蕃接界，南面抵老挝，西南包括缅甸大部分，北边抵大渡河，东北与贵州、两湖连接，地域范围"东西三千里，南北四千六百里"。

此时的巍山，一块小小的盆地已不能成就皮逻阁的王者之梦。他要走出山去，走向洱海，走向被称为海的高原湖泊，那里毕竟比巍山大得多。移居太和城是皮逻阁成为"云南王"的重要一步，迁都正是一个年轻政权谋求自身发展的重要选择。此时的蒙舍诏在政治、经济、军事等方面已经具备了相当的实力，迁都也是一种极有战略远见的选择。皮逻阁，这位智慧的南诏王，迁都之举为他的继承者铺垫了一条通往巅峰的道路。

皮逻阁要在洱海边建一座完全属于他的城池，城池名曰"太和城"。

迁都并不只是表示一个地理位置的变动。一个政权，一旦有意识地迁移统治中心，大多会选择一个比原来条件更好的地理位置，政治、经济和军事方面必然占有优势，并有发展的余地。这样的迁都，常常使政权走向强盛，走向巅峰。但是，迁都如果是由天灾人祸所逼迫，就常常是一个政权开始风雨飘摇、走向衰亡的征兆。殷商王朝早期曾经频繁迁都，直到盘庚统治时才最终定都安阳。此后，殷商王朝就进入一个有二百七十三年稳定发展、走向巅峰的时期。而东汉末年由于权臣作乱，都城被迫在董卓等人的裹挟下屡屡变迁，成为东汉灭亡的不幸标志。

唐开元二十六年（739年），皮逻阁将蒙氏的统治中心从巍山移至洱海西岸的太和城，以谋求更大的发展。同时，为防范北部敌人的入侵，皮逻阁又在苍山和洱海连接的最狭窄处建立了一个防御性堡垒"龙首城"，这些奠定了南诏政权进一步扩张发展的基础，而洱海西岸的城镇也随之迅速发展起来。定都洱海西岸，这不仅仅是蒙舍诏统一

孕育了南诏国和大理国的洱海

六诏的标志，也是洱海西岸社会发展、城镇发展的里程碑。

对南诏王皮逻阁而言，此次迁都的意义非同一般，都城从巍山迁到苍洱地区，是谋求自身发展的重要选择，在自然、政治、经济、军事等各个方面都有发展的优势，是明智之举。南诏之所以从巍山迁都苍洱地区，还有一个重要的因素就是两个地区的地理环境和经济发展水平的差异。南诏的发祥地巍山地处哀牢山和无量山的北端，在苍洱地区的南面，虽然那里也有坝子，也有适于人类生存发展的平坦地带，土地肥沃，是种植禾稻的好地方，但是巍山的气候干湿季节分明，春季干旱非常严重，而且周围峻峭的山岭阻碍了与外界的交通。更不利的是，根据古代文献记载，巍山一带瘴疠横行。瘴疠是指亚热带潮湿地区流行的恶性疟疾等传染病，在医学并不发达的古代，可以直接威胁人的生命。相比之下，苍洱地区的自然环境、交通和社会经济等发展状况远远优于巍山，将都城从巍山迁到苍洱地区无疑是最佳选择。

当然，南诏迁都还有一个重要的政治因素的驱使。当时，年轻的南诏充满活力，虽然它在唐王朝的支持下基本统一了洱海地区，但这并不是它的最终目的。作为一个新兴的少数民族政权,发展自身、寻求扩张、壮大势力才是他们的理想。

迁都苍洱地区十年后的南诏,已成为一个登上中华政治舞台,雄踞西南的强大的边疆民族贵族地方政权。南诏在唐朝与爨部的矛盾中插手并兼并爨部,而后又起兵叛唐,就是因为南诏原本就想扩张势力,迁都正是势力扩张的前提。定都于苍洱之间,进一步可以通好唐朝,退一步可以结交吐蕃,往东可以进占滇池地区,往西可以控制永昌,这些都纳入了南诏王的视线。

皮逻阁把都城定在太和城,太和城建在苍山佛顶峰和五指山之间的缓坡上。苍山的险峻在古城的西面成就一道天然屏障,洱海水域又在古城的东面隔出一片苍茫,要想逾越苍山和洱海都是非常不易的。因此,南诏没有耗费精力,像中国大多数城市那样建造方形城。太和城在修建上主要加强了南面和北面的防御力量,城墙主要建造南、北两道,西面向苍山敞开,以山为墙,东面向洱海敞开,以水为池,但太和城的内城金刚城的西半部城墙和外城南北城墙的西段实际起到了西城墙的作用。太和城的城墙主要为夯土筑成,在不同的地段,又根据地势、土质情况杂以岩石沙土。南诏人在建城墙的同时,再次利用了苍山的地势,在有的地段利用山坡与溪流相间所形成的沟壑,大大增加了城墙的高度;又以苍山奔流而下的溪水作为古城天然的城壕。因此太和城"以山为壁,以水为壕,内高外下,仰攻甚难"。为了加强都城外围的防御,皮逻阁在太和城北约三十二公里处筑"龙首城",用以阻绝北方的敌人;同时,又在太和城南面约十三公里处,西洱河的北岸筑"龙尾城",以抵挡南面、东面和西面的进攻。两座城池就像都城的南北门户,形成犄角之势,有效地保障了都城的安全。

太和宫殿的遗址就在今天大理古城往南七公里处。一千多年过去,当年宏伟的、充满神秘色彩的太和宫殿只留下了坍塌后的瓦砾、古旧的城墙遗址。可就在一千多年前,这古老的宫殿曾经是皮逻阁运筹帷幄的中心,驾驭辉煌的地方。这里,回荡着皮逻阁凯旋的战歌,唱响着南诏人民的骄傲。现在,苍烟落照中似乎闪现着一个拥有王者风范、惊诧世人的身影。

关于史书中记载的金刚城,据说是南诏王的避暑宫,位于太和城的西端。今天,在城墙的西部已经发现有南北两个城门的遗址,在城墙西端有一个较大的夯土台基遗址,这很可能就是当年南诏大型建筑的基址。不过,根据避暑宫的位置看,它地处全城的西端,并且处于全城的制高点上,所以这座宫殿绝非一般的避暑宫,而是有着极其明显的防御作用和政治寓意。

太和城的建筑极有特点。史书中记载说太和城的街区巷陌都是用石头垒砌而成,高有一丈多。这种以石头垒砌成的城墙、街区曾经延伸数里不断。这样,用石头作为建筑原材料的习俗在沧洱地区一直延续至今。今天,如果你在大理古城漫步,依然可以看到那些极具个性的建筑。这样的建筑风格朴实无华,以石头的本色构建出一种自然之美、和谐之美。

南诏统一后使用过的第二座都城叫大厘城。大厘城又名史城、喜州城、喜洲等。在南诏统一后使用过的三个都城中,大厘城位于大理坝子中最为平坦的地方。早在唐朝初年,它就是一个人烟繁聚、交通便利的处所。所以,南诏以前的邓赕诏等及以后的南诏王对大厘城都有一种偏爱。

大厘城原为河蛮(即西洱海河区的白蛮)所居之地。唐开元二十五年(737年),皮逻阁联合邓赕诏首领咩罗皮攻打河蛮。战胜后,咩罗皮分得大厘城。数月之后,皮逻阁又攻打咩罗皮,夺取了大厘城。

在南诏第五代诏王阁罗凤时期,阁罗凤常常在邓川城、太和城和大厘城之间活动。在南诏第六代诏王异牟寻时,就曾经于784~786年间在大厘城居住过两年。到第十代诏王晟丰佑统治时期,于827年(唐太和元年)又建喜洲土城,并且将王宫迁到那里。遗憾的是,关于晟丰佑在喜洲的情况没有更为详细的资料。但是,无论大厘城为都的时间有多久,大厘城地势平坦,交通便利,人烟繁盛,是它得天独厚的地理和资源优势，也一直是大厘城可以作为苍洱地区一个经济型城镇发展的重要基础。但是，作为一座都城，无险可倚则是大厘城的致命弱点。

作为一个王者，皮逻阁对南诏的贡献是巨大的。他有着坚定的眼神，凌厉的面庞，经过了对五诏的兼并战争，以及"火烧松明楼"的事件，他脸上又多了几许成熟与执著。他内心燃烧着火焰，他要凭借手中呼啸的利剑，顺应历史的发展和潮流。他自从劈开了征战、征服和屠杀的血腥之路，就没有完结。自737年始，皮逻阁不断征战，占据了大厘、太和，兼并各诏，成就了统一的南诏。皮逻阁来到洱海边，欣然地生活在这一片靠山面水的祥和宁静的土地，即便是受到战争的纷扰，平静而安详的耕织生活依然是他的神往。

同时，皮逻阁接受了唐王朝所赐的名称"蒙归义"，接受了唐王朝所封的"云南王"称号，从此南诏的统治者不再是那个局限于巍山地区的部落首领，这一切意味着对更加广泛的地区行使控制权，南诏开始走上一条在云南地区范围内展现自身实力、奠定统治基础的道路。

为在幅员辽阔的疆域内实行有效的统治，南诏实行了一系列政治举措。首先是仿效唐制，建立了一套行政体制。南诏王之下，设清平官与大军将。清平官相当于唐朝的宰相，共六人，每天与南诏王一起共同处理国家大事。六人之中，推选一人为内算官，代南诏王处理公文，有两名副手协助内算官处理公务。大军将十二人，与清平官平级，属武官，出则为统领一方的节度、都督，在朝则协助南诏王处理军机事务。清平官之下设置"六曹"，即兵曹、户曹、客曹、刑曹、工曹、仓曹。六曹为南诏最高行政执行机构，设曹长。南诏后期，六曹改制为幕、琮、慈、罚、劝、厥、万、引、禾等"九爽"。

南诏王的梦想实现了，可皮逻阁已经太累了。他寄希望于他的儿子阁罗凤延续南诏的辉煌。皮逻阁，洱海之王，云南之王，终于从容谢幕。唐天宝七年（748年），皮逻阁谢世，他在位二十年，终年51岁。皮逻阁实现了自己的夙愿，也将荣耀赋予了他的南诏国，还有他的臣民们，他可以安然离去了。但是，他的王朝将由谁来延续？皮逻阁谢世后，王位承袭出现了纷争。皮逻阁生有四子，即长子阁罗凤、次子诚节、三子字崇、四子成进。传说长子阁罗凤并非皮逻阁的嫡亲，只是一名养子。但是，阁罗凤在追随皮逻阁征服五诏时，就已经和父亲一起披荆斩棘，立下赫赫功勋，而且文韬武略，口碑甚好。最后，阁罗凤终于赢得了王位，而皮逻阁次子诚节则因争夺王位失败而遭放逐。

通过十多年的开拓，南诏，一个雄踞西南的强大地方政权已呼之欲出，成长壮大，桀骜起来，强盛的唐王朝对它的控制已显得力不从心。大唐试图打掉它的骄傲，去掉它的锋芒，先后于天宝九年（750年）、天宝十年（751年）分别由大将军鲜于仲通和李宓率领数十万人马攻伐南诏，但两次都败在南诏人的手下，大将军李宓也将自己的身躯永远地留在了南诏，成为南诏的本主神。两次天宝大战的大量投入使得本来已经内外交困、危机四伏、怨声载道的大唐更加雪上加霜。天宝十五年（756年）十一月，"渔阳鼙鼓动地来，惊破霓裳雨衣曲"，大唐盛世的辉煌在"安史之乱"的躁动中渐渐落下了历史的大幕。

南诏第五代诏王阁罗凤于779年去世，其孙异牟寻继位。808年，异牟寻去世后，南诏由盛转衰。曾经强盛一时的南诏王国断送在清平官郑回之孙郑买嗣手中，强盛的南诏王国终于退出历史舞台。

四、天宝大战——血染苍洱

皮逻阁谢世两年后的天宝九年（750年），正是唐朝腐朽没落、大乱将发的时候，西南方面自然也不会安静。

当历史已成为定局的时候，历史学家往往把铁定的历史事实描述为不可避免的历史的必然，发生在南诏苍洱地区的天宝大战也免不了这种俗套。当时的政治形势是，在南诏、唐王朝、吐蕃的三角关系中，任何一个变量的改变都会促使另外两方产生相应的变化。正如南诏与唐王朝的关系是一波三折那样，南诏与吐蕃的关系也是时好时坏。南诏与唐王朝、吐蕃的战和关系，演绎了不少扭转乾坤的大事。唐玄宗天宝年间发生的天宝战争即是这种关系的具体表现。

唐朝初年，有关云南地区的事务由剑南节度使统管。天宝年间，

南诏第五代诏王阁罗凤出巡图

权倾朝野的"天宝宰相"杨国忠任命鲜于仲通为剑南节度使,越嶲都督张虔陀改任姚州都督,负责监视与控制南诏。这些封疆大吏大多数是心术不正之徒,他们肆意干涉南诏的事务,有意挑起事端。天宝九年(750年),当阁罗凤带着妻小赴姚州拜会张虔陀时,身为唐朝都督,负有安边抚民之任的张虔陀竟然当面侮辱南诏王阁罗凤的妻子,惹怒了阁罗凤。事后,阁罗凤感慨"九重天子难承咫尺之言,万里忠臣岂受奸邪之害",派军将杨罗颠为专使,远赴长安向唐玄宗控诉张虔陀的罪行。唐玄宗听信杨国忠的谗言,对此事不予理会。阁罗凤大怒,决心为妻子报仇,即亲率大军攻打姚州。南诏军队攻破了姚州都督府,诛杀了张虔陀,并举兵北上,占据了越嶲都督府管辖下的三十余个州县与部落。南诏在此区域设置"弄栋节度",使之成为南诏"六节度"之一。

阁罗凤发动"姚州之役",张虔陀被杀,实属罪有应得。南诏德化碑列举了张虔陀的六大罪状:其一,勾结吐蕃,企图夹击南诏。其二,阴谋扶持阁罗凤的二弟诚节为南诏王,颠覆阁罗凤的统治;唆使爨崇道与南诏为敌,制造事端。其三,更为南诏所不能忍的是,只要与南诏交好的唐朝官员,张虔陀一概不启用。其四,任用那些仇视南诏的人,企图孤立南诏。其五,张虔陀时刻进行军事准备,谋划军事袭击南诏。其六,故意加重对南诏的赋税征收,征求无度。可以看出,张虔陀的这些行为具有明显的挑衅倾向,目的是激起南诏的反抗情绪,离间南诏与唐王朝之间的关系,这也正是唐朝宰相杨国忠集团一贯的手法。正如白居易在他的著名诗篇《新丰折臂翁》中所说:"天宝宰相杨国忠,欲求恩幸立边功。边功未立人生怨,请问新丰折臂翁。"

天宝十年(751年),唐玄宗看到南诏的过度发展,也听信了杨国忠等人的谗言,打算限制和惩罚南诏王国,便命剑南节度使鲜于仲通率八万大军进攻南诏。唐军兵分三路,一路由鲜于仲通率领,由越嶲一带沿清溪关道南下,由今天的滇东北地区进入云南;一路由大将军李晖率领，从会通路进攻，进入姚州地区，迫近洱海地区；另一路由安南都督王知进率领，从步头路北上，进入滇中地区。三路大军浩浩荡荡，从不同方向直奔南诏而来。

阁罗凤并不想和大唐开战，面对唐王朝大军压境的严峻形势，他派出特使杨子芬、姜如之到曲靖鲜于仲通军中，向鲜于仲通陈述"姚州之役"张虔陀被诛的事实经过，说明事情的起因与过错在张虔陀而不在南诏，南诏愿谢罪请和。特使还对鲜于仲通说，虽然吐蕃早已对南诏威逼利诱，但南诏不为所动，仍然一心向唐。吐蕃已是虎视眈眈，依据情势，如果唐军执意要进攻南诏，唐南双方交战，吐蕃将坐收渔翁之利。鲜于仲通不为阁罗凤的真诚求和谢罪之态所感动，而是一意孤行，继续率大军向洱海地区进发。当鲜于仲通军行至白崖时，阁罗凤再遣使者请和。鲜于仲通不仅不允和，反而扣留了南诏的使臣，大战一触即发。

南诏腹心地带洱海坝子东临洱海，西依苍山，是一狭长形冲积平原，南北长约五十公里，其东西最宽处约八公里，南端有龙尾关，北端有龙首关。这里先后建有南诏国的三座城——太和城、大厘城和阳苴咩城，从而成为南诏政权的心脏地带和根据地。从战略上看，东面洱海茫茫，水路进攻不易；西面苍山高耸，平均海拔超过3000米，山峰罗列，峰顶终年积雪，要翻越苍山，由西向东攻击南诏腹地，也几乎不可能。南面，龙尾城西扼苍山，东边将西洱河天堑作为城壕，居高临下，易守难攻。北面，龙首关东临洱海，西依苍山云弄峰，占据着苍山与洱海之间距离最近的地方，襟山带水，顺山势筑城，地势险要。

唐军一队人马在大将王天运的率领下，秘密绕道点苍山西坡，企图在漾濞一带登山奇袭南诏。鲜于仲通亲率主力，直抵龙尾关。此时，并不想与唐朝对抗的阁罗凤第三次派使臣求和，鲜于仲通仍然不理会。他以为，八万唐朝大军已经包围了苍山洱海之间的南诏腹地，又有奇兵从苍山西坡突袭，还有大军由西洱河东岸从水道向西进攻，同时由陆路猛烈攻击龙尾、龙首二关，东西夹击，南北协同，可一举而下，直捣南诏都城太和城，就可成就自己非凡的伟业。鲜于仲通认为自己已经胜券在握，他怎会理会南诏一而再、再而三的求和呢？

而此时南诏王阁罗凤确实感到形势有些棘手。唐朝大军在南，吐蕃大军在北，南诏向唐朝求和无望，只好向吐蕃求援。吐蕃御史论若赞正率领吐蕃大军驻守在洱海北部浪穹一带，接到南诏求和后，即命军队急向洱海之滨进发，支援南诏。南诏与吐蕃军队联合奋力御敌，在苍山西坡，即今漾濞石门关一带，与唐朝的精锐部队展开生死决战，结果唐军惨败，主将王天运战死，唐军"腹背夹击南诏"的计划落空。战死的王天运被胜利者悬尸辕门，唐军远远看到，无不心惊胆战。与此同时，阁罗凤亲自披挂上阵，率南诏与吐蕃大军与唐军奋力拼杀，全歼唐朝大军于洱海两岸，唐军主帅鲜于仲通只身逃离。

南诏与唐朝的第一次天宝大战，以唐军全军覆没而告终。

五、初生牛犊不怕虎——第二次天宝大战

唐军在第一次天宝大战中的惨败，被宰相杨国忠谎报为空前的军事胜利，南诏被逼应战的事实被歪曲为南诏勾结吐蕃，联合反抗唐王朝的谋反行为。唐玄宗听信谗言，一方面设宴为败逃回来的鲜于仲通庆功，擢升他为都城长安的最高长官"京兆尹"，另一方面责令杨国忠积极备战，征集士卒，调集军队，再征南诏。这真是"西洱全军败没时，捷音犹自报京师。归来设宴甘泉殿，高适分明为赋诗"，而战死在洱海边的唐王朝军士则成为枉死的冤魂。

天宝十年（754年），唐朝军队再度大举进攻南诏。

唐玄宗任命前云南都督兼侍御史李宓为主帅，广府节度使何覆光、中使萨道悬逊为副将，兵分两路，一路由北方南下，一路从安南北上，浩浩荡荡，开赴云南，直取南诏腹地。

此次征战云南的唐朝军士，杨国忠不是就近从剑南节度征调，而是从山西、河南、河北等地征集。北方人听闻云南蛮荒之地"瘴气"袭人，历来去者无还，因此纷纷逃避兵役。而杨国忠下令强制征兵，不从者拷送征兵所，闹得人心惶惶。唐代大诗人杜甫目睹当时远征云南的唐军，写下了《兵车行》这首千古传诵的诗作：

> 车辚辚，马萧萧，行人弓箭各在腰。爷娘妻子走相送，尘埃不见咸阳桥。牵衣顿足拦道哭，哭声直上干云霄。道旁过者问行人，行人但云"点行频。或从十五北防河，便至四十西营田。去时里正与裹头，归来头白还戍边。边庭流血成海水，武皇开边意未已。君不闻汉家山东二百州，千村万落生荆杞。纵有健妇把锄犁，禾生陇亩无东西。况复秦兵耐苦战，被驱不异犬与鸡。长者虽有问，役夫敢伸恨？且如今年冬，未休关西卒。县官急索租，租税从何出？"信知生男恶，

反是生女好，生女犹得嫁比邻，生男埋没随百草。君不见青海头，古来白骨无人收。新鬼烦冤旧鬼哭，天阴雨湿声啾啾。

谁能想象，盛唐时期，京畿要冲，王朝腹地，竟然是这样一幅兵荒马乱、民不聊生的景象。

李宓信心满满地率领二十万大军（其中包括负责运送粮草辎重的兵士十万），一路前行，于天宝十三年（754年）六月抵达洱海之滨，从洱海东岸、龙尾关、龙首关三个方向对南诏都城太和城形成包围之势。南诏军队被唐军围困在苍山洱海之间的大理坝子中，形势万分危急。

唐朝主帅李宓把中军帐设在洱海东岸的陇坪，统辖全军。他采用水陆协同作战的方法，一面命令士卒日夜赶造战船，作好从洱海东岸渡海作战的准备；一面指挥军队猛攻龙尾、龙首二关。阁罗凤并没有被李宓的气势吓倒，而是运筹帷幄，密令军将王乐宽袭击唐军水师。唐军造船厂被捣毁，船只全部被南诏抢获，尸横遍野，溃不成军。水军受重创，使得唐军水陆同时进攻的策略未能按计划实施。

北面，唐朝军队深入邓川，轮番攻击龙首关。李宓亲自上阵，试图攻下龙首关，然后长驱直入，与何覆光部配合，南北夹击太和城。而南诏这边，阁罗凤派出南诏的精锐部队"罗苴子"坚守龙首关，挫败了唐军一次又一次的进攻。吐蕃军队也来助阵，南诏与吐蕃军队内外夹击，打得进攻龙首关的唐军"流血成川，积尸壅水"，连主帅李宓也战死沙场。

从南面进攻南诏的唐军在何覆光的率领下，经过苦战，突破龙尾关天险，直逼太和城下，但最终也被南诏军队击败。

南诏大败入侵者，取得了全面的胜利。战事结束后，阁罗凤认为"生虽祸之始，死乃怨之终"，下令各地收拾唐朝将士的尸体，就地祭祀埋葬。据民间传说与考古勘察，当年南诏收葬唐朝将士尸骨的墓冢，有的地方称为"万人冢"，有的称为"万人堆""千人堆"。洱海周围的龙尾关、地石曲,苍山西坡丘迁和,洱源江尾大墓坪,洱海东岸的双廊、挖色、海东等地,都分布有唐军墓冢,至今遗迹尚存。

传说天宝战争结束后,西洱河两岸,每当天阴下雨的时候,当年冤死的,留在苍洱异乡的唐军将士的鬼魂就会哭啼不断,真是"新鬼烦冤旧鬼哭,天阴雨湿声啾啾"。

虽然是唐王朝进攻南诏,虽然南诏人消灭的是入侵者,但南诏人的心胸仍像苍山洱海一样,是健康的,明朗的,宽广的。当地老百姓为了安抚这些侵略者的冤魂,就在苍山斜阳峰下修建了一座将军庙祭祀唐军主帅李宓及所有唐军将士。说来奇怪,将军庙一立,西洱河边再也听不到鬼哭之声了。将战争之中对方阵亡将士的遗骨收葬,立庙祭祀,表现了南诏人宽容、豁达的胸怀,以及珍视民族友好团结的良好愿望。

苍山斜阳峰下的将军庙

为祭祀李宓而建的将军庙,建筑规模宏大,现今仍然遗存山门、过厅、大殿、观音殿、财神殿、子孙娘娘殿等。如今,将军庙附近的白族村寨都供奉李宓为本主,常年到庙内祭祀。每年中秋节是将军庙举办庙会的日子,这一天,附近的村民要在庙内举行隆重的娱神、酬神活动。

当然,第二次天宝战争结束后,阁罗凤也彻底地背叛了唐王朝,死心塌地称臣于吐蕃,吐蕃亦封阁罗凤为"赞普"。"赞普"为吐蕃语,意为"兄弟"。南诏也改国号为"赞普钟蒙国大诏",这是一个因与吐蕃结盟为兄弟而命名的国号。自此,南诏与吐蕃开始了长达五十多年的结盟。南诏乘势占据了大渡河以南的土地。

两次天宝战争大伤了唐王朝的元气,并导致了举国骚动的"安史之乱"。唐廷内外,甚至是普通百姓,都对杨国忠等执意发动天宝战争深为不满。大规模的战争使武将势力增强,藩镇割据情势加剧,地方势力恶性膨胀,唐王朝深陷危机之中。任平卢、范阳、河东三镇节度使的安禄山以讨伐杨国忠为名,趁机于天宝十四年(755年)起兵,发动了长达八年之久的"安史之乱"。盛唐气象,由此式微。历史有时候很奇妙,远在中原的"安史之乱",竟然与遥远的南诏有着某种内在的联系。

阁罗凤时代的天宝大战,血雨腥风的帷幕已经落下,那些鲜活的生命已经化作洱海边飘荡着的亡灵,他们从遥远的中原走来,经历了跋山涉水的艰难,经历了两军对垒的激战,经历了流血牺牲的惨烈,但现在他们却长眠于此,永远地长眠在洱海之滨。

今天,就在点苍山麓,大理白族自治州首府所在地下关,仍有一座著名的"万人冢",冢中埋着在天宝战争中阵亡的数万唐军将士的尸骸。"枯骨卧黄昏",这些尸骸卧在这里已经有一千多年,但仍然令人发思古之幽情,引来无数墨客骚人、政治家、军事家以及普通百姓的凭吊,抒发无限的感慨。明代万历云南总兵邓子龙看了"万人冢"后感慨地写道:

> 唐将南征以捷闻，谁怜枯骨卧黄昏？
> 唯有苍山公道雪，年年披白吊忠魂！

古墓冢在天宝公园里显得肃穆而安宁，游客不多。世间没有任何人喜欢战争，这是不争的事实。

阁罗凤、凤伽异和异牟寻统治时期，即唐天宝七年（748年）至唐元和三年（808年）的六十年间，南诏以其年轻政权特有的活力与朝气，获得前所未有的发展，成为一个地域广大、势力强大的边疆地方政权。其势力范围超出洱海地区，不仅控制今云南全境，而且远及今天缅甸中部。新建造的城池也随着南诏势力的扩张遍布各地。

779年，统一后的第二代诏王阁罗凤去世，离开了他苦心经营的

位于大理下关西洱河畔的天宝公园

南诏，这是生命的必然，也是历史的必然，没有任何人能够逃脱大自然的法则。晚年的阁罗凤清晰地发现，在归顺吐蕃之后，南诏王国显示出了前所未有的安静。同时这也昭示着，阁罗凤的时代将要结束，终结的时刻势必到来。

阁罗凤之子凤伽异已先于阁罗凤早逝，因而阁罗凤的孙子异牟寻继承了王位。异牟寻以年轻的姿态站在了领导南诏的前沿。

翻开地图，勾勒出南诏国的历史版图，不难发现，南诏国以洱海为中心，向东延伸直达贵州西部，东南部与越南接壤，北部与吐蕃为邻，东北部抵达四川西南，南面是热气荡漾的西双版纳，疆土已经伸到缅甸北部。在之前，皮逻阁、阁罗凤拓展的南诏宽广的疆域，使南诏国显示出空前的繁荣。此时的异牟寻也和前辈君王一样，开始准备孕育一座属于他的城堡，这就是后来的阳苴咩城。

阳苴咩城是南诏王异牟寻最终选择的都城。这个被今人称为睡在大理城下的古都，曾经是彩云之南的政治、经济、文化中心。阳苴咩城北城墙依梅溪修建，溪水深沟成为天然的护城河，城墙用土夯筑，现存遗迹残高约5米，长达1500米。据史书记载，阳苴咩城南城墙应在龙泉溪旁，但城墙遗迹不明显。早在六诏与河蛮并存时期，阳苴咩城就是大理洱海地区一个较大的村邑，已具有城市雏形，是皮逻阁统一六诏、征服河蛮后占领的城邑。阁罗凤曾对阳苴咩城进行扩建，使其成为南诏的重要城镇。异牟寻立为王时，正值南诏、吐蕃联军进犯西川（今四川），遭到唐将李晟的痛击之时。779年，南诏、吐蕃合兵十万，分三路进攻唐王朝的剑南地区，企图夺取成都。唐德宗接报后，便派遣大将李晟、曲环率北方兵数千，联合当地唐兵，大破吐蕃、南诏军队，收复被吐蕃占去的维（今四川理县）、茂（今四川茂县）二州，追击南诏军过大渡河。南诏、吐蕃军队死伤八九万人。南诏、吐蕃两国所以能一时称强，主要原因是唐王朝内乱不能兼顾边事，如果唐王朝认真出兵，两国当然不是唐的对手。两国战败后，吐蕃悔怒，南诏恐惧，双方关系开始发生变化。吐蕃将原来赐封给南诏王的"赞普钟南国大诏"封号改为"日东王",封号中"日"是臣的意思。封号的变化,意味着南诏从过去的兄弟之国降为臣属之国。异牟寻是一个饱读史书、有才智、得人心的人。他发现叛唐投靠吐蕃受到吐蕃的侮辱后,希望重新归附唐朝,但又害怕吐蕃兴师问罪,便修建了三阳城作为防御吐蕃的城垣,并于779年将王都从太和城迁至阳苴咩城。

阳苴咩城和太和城一样,只有南、北两道城墙,西依苍山为屏障,东据洱海为天堑,形势十分险要。据《蛮书》记载,阳苴咩城方圆十五里,城内建有南诏宫室和高级官吏的住宅,南、北两座城门之间由一条通衢大道相连。城内有一座高大的门楼,左右有青石板铺垫的高大台阶。从阳苴咩城南城门楼进去,走三百步就到第二座门楼,城两旁又有两座门楼相对而立。这两座门楼之间是高级官员清平官、大军将、六曹长的住宅。过了第二道门,走二百步就到第三道门。门前置放着兵器,门内建有两座楼。第三道门后面有一照壁,走一百步就可以见到一大厅。这座大厅建筑宏伟,厅前建有高大台阶,厅两旁有门楼,厅内屋子层层又叠叠。过了大厅,还有小厅。小厅后面是南诏王的宫室。唐大中十年(856年),南诏王晟丰佑在阳苴咩城内修建了一座宏伟的建筑物——五华楼。这座巨大的楼阁周长有2.5公里,高33.3米,可容纳万人,是南诏王接待西南各部落酋长的国宾馆。

南诏的国都从皮逻阁定都太和城,到异牟寻定都阳苴咩城,是南诏政权的统治中心不断调整和适应社会发展的重要举措。虽然大厘、太和、阳苴咩城三座城池都地处苍洱地区,但是彼此之间又存在着差异。三座城池中,大厘城地处最为平缓开阔,生活方便,最适合人类生存和发展。但是,当一个政权还处于扩张势力的阶段时,地势平缓在防御方面就是一种缺陷。与大厘城不同的是,太和城和阳苴咩城同处于苍山的缓坡地带,都是依山而建的城市,具有较好的防御能力。但阳苴咩城和太和城又有不同,阳苴咩城较太和城明显北移约七公里。这种北移有极大的合理性,有利于城市的发展。若对两城的地理环境细加分析，人们就会发现太和城虽然西倚苍山，东面洱海，但苍洱之间仅有一狭窄的区域。作为防御，这对太和城无疑是一种优势，但如果作为一座要发展的城市，它却是一种局限。阳苴咩城也是西倚苍山，拥有防御的优势。在其往东一直到洱海之间的地区，是一片相对平缓和宽阔的地带，这一点尤其利于人们的生存和发展，利于城市的发展。

南诏与唐王朝、吐蕃的关系时战时和，局势并不十分稳定，苍洱地区的北面一直是南诏政权重点防范之地。大厘城在阳苴咩城北约四十里处，有先遇兵锋之患。当然，仅就一般城市而言，城市的地处、人口、产业、交通等对其经济的发展有直接影响，但是作为政权的统治中心所在地，如果仅有经济发展条件而没有军事防御条件却是难以想象的。所以，虽然大厘城比阳苴咩城、太和城有更好的发展条件，但是终究因为防御条件较差而被放弃。而南诏综合各方面的因素，最终以阳苴咩城作为政权的统治中心所在地就在情理之中了。

正是由于阳苴咩城的地处同时具有政治、经济、军事方面的优越性，所以太和城和大厘城的发展始终没有超过它；而阳苴咩城不仅作为雄踞一隅的南诏国国都，也作为后来大理国的国都，发挥着统治中心的职能，几百年而不衰。

六、苍山会盟与贞元册南诏

异牟寻继位，为南诏第六代国王，改元见龙。异牟寻当政的时期（779～808年）是南诏与唐王朝关系由战争走向友好的时期，也是南诏与吐蕃关系恶化的时期。异牟寻在多年与吐蕃交往的过程中，越来越感到依附吐蕃的危险。吐蕃也对南诏表现出许多不友好。吐蕃在南诏征收重税；在南诏北部战略要地设城立堡，驻扎军队；还阻碍南诏向北拓展；还庇护"三浪诏"的残余势力；每有战事都要以南诏军队为先锋。天宝战争以后的半个世纪中，南诏深受吐蕃驱策、盘剥之苦。

异牟寻初登王位，内政外交都面临许多难题。从内部来说，皮逻阁、阁罗凤两代诏王左征右战，开疆拓土，创下南诏千秋伟业。创业容易守业难，如何将祖先开创的伟业继承并发扬光大？这不仅需要靠武力，更需要文治，建立行之有效的政治体制。这些都成了新诏王的

南诏第六代诏王异牟寻议政图

当务之急。从外部而言，南诏一直在吐蕃与唐王朝两大势力之间周旋，如何处理好"三角关系"，是继续与吐蕃为"兄弟之国"或者"臣属之国"而与唐朝为敌呢，还是"弃蕃归唐"，和唐朝重修旧好，为南诏赢得更好的发展环境？这些都需要异牟寻作出正确决策。

异牟寻不愧为有远见卓识的政治家。他继承王位之后，内政方面仿效唐王朝的体制，完善中枢机构的设置，以清平官和大军将协助南诏王处理军国大事；清平官在大军将之下，设置相当于唐朝六部的六曹与九爽，各司其职，负责各种行政事务的管理。对外政策方面，他致力于改变处处受制于吐蕃的局面，希望修复与唐王朝的友好关系，并积极谋划"弃蕃归唐"。

异牟寻能顺利实施他的宏图大业，除了他个人具有雄才大略之外，主要依靠清平官郑回的帮助。

郑回本来是唐朝人，曾任唐朝巂州西泸县令。天宝初年，阁罗凤率兵攻打姚州，杀死都督张虔陀时，顺势进攻巂州都督府辖下的部落，俘虏大批汉人到南诏，郑回就在其中。郑回原籍相州，儒学修养很高。阁罗凤器重他有学问，赐号为蛮利，让他教王室子弟读书，并得到授权可以责打生徒，因此威望很高，后来做清平官，甚得诏王的信任。

历史记载中的郑回是一个清官，更为重要的是这位汉人清官的胸中装满了世界的风云变幻，同时也装满了汉文经史。因此，阁罗凤看到郑回时，心中早已激动万分。郑回的出现，仿佛使这位伟大的君王看见了太和殿中的灯光，看到希望。从此，郑回在阁罗凤的重用下，再也没有走出遥远的疆域，命运使他成为阁罗凤的儿子凤伽异以及孙子、孙女异牟寻兄妹的老师。不仅如此，郑回的智慧也让阁罗凤对他万分尊重，内心里已经把他视为自己的父兄和老师，于是将郑回留在了宫中。异牟寻继位后，郑回已经很老了。可正像阁罗凤对待郑回一样，异牟寻因为有郑回的存在，总能生发出阳苴咩城未来的希望，总能看到宫殿中大理石台阶在阳光普照下放射的光芒。年轻有为的异牟寻上升到了执政的顶峰，他把郑回提拔为清平官，这个职位相当于唐朝的宰相。

清平官郑回在历史上到底扮演着怎样的角色？他到底如何帮助异牟寻解决南诏国面临的重重困扰？

这时，吐蕃已然不再是与南诏王国肝胆相照的兄弟盟国了，它一次次强势地侵犯、挑衅着南诏的威仪。而此时的郑回，也在用他的巧舌，用他的智慧，劝说异牟寻重修与唐王朝的友好关系。是的，吐蕃已经不再是可以结盟的兄弟了，孤立吐蕃，依附唐朝，是当务之急。郑回已经做了四代皇家族属的老师，他用他的言行表明他的远谋是明智的。而异牟寻也用谦逊的态度面对着眼前这位智慧的领袖，他精神上的领袖。历史证明了，郑回是一个为异牟寻出谋献策的智者。

异牟寻听从郑回的指点，秉政用事，积极推进汉化，主张在各个方面仿效唐王朝，促使南诏与唐王朝恢复友好关系。郑回对异牟寻说："唐朝有礼义，很少求索财物，不像吐蕃贪婪不知满足。如果归附唐朝，可免出兵助吐蕃战守，利莫大于此。"异牟寻采纳他的建议，暗中谋划，不再公开反吐蕃，而是进行着归附唐朝的准备。

异牟寻有别于其先辈，他是以他柔和的目光凝望着属于他的宫殿——阳苴咩城。他是一个与众不同的君主，是一个年轻却不气盛的君王。阁罗凤用他的霸气和威武改变了南诏的命运，凭借着刀剑，一腔热血，迎来了南诏的曙光，而异牟寻却是用心智改变着南诏国的历史。

今天，在太和城的遗址内还保存有一块非常著名的石碑——南诏德化碑。这块石碑立于唐大历元年（766年），它饱经沧桑，字迹斑驳不清，但完全可以感知一千多年前那个曾经朝气蓬勃，叱咤风云，打败大唐王朝，实现独占云南的南诏王阁罗凤的豪情壮志，同时又会被碑文中叙述的南诏王对唐王朝那种复杂的心情所感染。南诏彼时不得已叛唐，而此时却将归附之心十分含蓄地表达出来。766年，南诏第五代诏王阁罗凤异常隆重地将这块石碑立在太和城国门之外，并将自己的心意昭示天下。

南诏德化碑就是由郑回制文。他以典雅的文辞,骈散相间的手法,委婉叙事,酣畅议论,将阁罗凤的丰功伟绩,天宝战争的前因后果,"阻绝皇化之由,受制西戎之意",表现得淋漓尽致。碑文读起来朗朗上口,可以说是唐代碑文中的上乘之作。碑文如下:

> 恭闻清浊初分,运阴阳而生万物。川岳既列,树元首而定八方。故知悬象著明,莫大于日月。崇高辨位,莫大于君臣。道治则中外宁,政乖必风雅变。岂世情而致,抑天理之常。我赞普钟蒙国大诏,性业合道,智睹未萌。随世运机,观宜抚众,退不负德,进不惭容者也。

南诏德化碑

王姓蒙,字阁罗凤,大唐特进云南王越国公开府仪同三司之长子也。应灵杰秀,含章挺生。日角标奇,龙文表贵。始乎王之在储府,道隆三善,位即重离。不读非圣之书,尝学字人之术。抚军屡闻成绩,监国每著家声。唐朝授右领军卫大将军兼阳瓜州刺史。

洎先诏与御史严正诲静边寇,先王统军打石桥城,差诏与严正诲攻石和子。父子分师,两殄凶丑。加左领军卫大将军。无何,又与中使王承君同破剑川,忠绩载扬,赏延于嗣,迁左金吾卫大将军。而官以材迁,功由干立。朝廷照鉴,委任兵权。寻拜特进、都知兵马大将。二河既宅,五诏已平。南国止戈,北朝分政。而越析诏余孽于赠,恃铎鞘,骗泸江,结彼凶渠,扰我边鄙。飞书遣将,皆辄拒违。诏弱冠之年，已负英断，恨兹残丑，敢逆大队。固请自征，志在夷扫。枭于赠之头，倾伏藏之穴。铎鞘尽获，宝物并归。解君父之忧，静边隅之祲。制使奏闻，酬上柱国。

天宝七载，先王即世，皇上念功雄孝，悼往抚存。遣中使黎敬义持节册袭云南王。长男凤迦异时年十岁，以天宝入朝，授鸿胪少卿，因册袭次，又加授上卿，兼阳瓜州刺史、都知兵马大将。既御厚眷，思竭忠诚。子弟朝不绝书，进献府无余月。将谓君臣一德，内外无欺。岂期奸佞乱常，抚虐生变。

初，节度章仇兼琼不量成败，妄奏是非。遣越嶲都督竹灵倩置府东爨，通路安南。赋重役繁，政苛人弊。被南宁州都督爨归王、昆州刺史爨日进、黎州刺史爨祺、求州爨守懿、螺山大鬼主爨彦昌、南宁州大鬼主爨崇道等陷煞竹灵倩，兼破安宁。天恩降中使孙希庄、御史韩洽、都督李宓等，委先诏招讨，诸爨畏威怀德，再置安宁。其李宓忘国家大计，蹑章仇诡踪，务求进官荣。宓阻扇东爨，遂激崇道，令煞归王。议者纷纭，人各有志。王务遏乱萌，思绍先绩。乃命大军将段忠国等与中使黎敬义、都督李宓，又赴安宁，再和诸爨。而李宓矫伪居心，尚行反间。更令崇道谋煞日进，东爨诸首，并皆惊恐。曰："归王，崇道叔也；日进，弟也，信彼谗构，煞戮至亲。骨肉既自相屠，天地之所不佑。"乃各兴师，召我同讨。李宓外形中正，佯假我郡兵，内蕴奸欺，妄陈我违背。赖节度郭虚己仁鉴，方表我无辜。李宓寻被贬流，崇道因而亡溃。

又越嶲都督张虔陀，尝任云南别驾，以其旧识风宜，表奏请为都督。而反诳惑中禁，职起乱阶。吐蕃是汉积仇，遂与阴谋，拟共灭我。一也。诚节王之庶弟，以其不忠不孝，贬在长沙。而彼奏归，拟令间我。二也。崇道蔑盟构逆，罪合谋夷,而却收录与宿,欲令仇我。三也。应与我恶者,并授官荣,与我好者,咸遭抑屈,务在下我。四也。筑城收质,缮甲练兵,密欲袭我。五也。重科白直,倍税军粮,征求无度,务欲蔽我。六也。于时驰表上陈,屡申冤枉,皇上照察,降中使贾奇俊详覆。属竖臣无政,事以贿成。一信虔陀,共掩天听,恶奏我将叛。王乃仰天叹曰:"嗟我无事,上苍可鉴。九重天子,难承咫尺之颜。万里忠臣,岂受奸邪之害。"即差军将杨罗颠等连表控告。岂谓天高听远,蝇点成瑕,虽布腹心,不蒙衿察。管内酋渠等皆曰:"主辱臣死,我实当之。自可齐心戮力,致命全人。安得知难不防,坐招倾败。"于此差大军将王毗双、罗时、牟苴等扬兵送檄,问罪府城。自秋毕冬,故延时序,尚伫王命,冀雪事由。岂意节度使鲜于仲通已统大军,取南溪路下;大将军李晖从会同路进;安南都督王知进自步头路入。既数道合势,不可守株。乃宣号令,诫师徒,四面攻围,三军齐奋。先灵冥佑,神炬助威。天人协心,军群全拔。虔陀饮酖,寮庶出走。王以为恶止虔陀,罪岂加众,举城移置,犹为后图。即便就安宁再申衷恳。城使王克昭执惑昧权,继违拒请。遣大军将李克铎等帅师伐之。我直彼曲,城破将亡。而仲通大军已至曲靖。又差首领杨子芬与云南录事参军姜如之赍状披雪:"往因张卿谗构,遂令蕃汉生猜。赞普今见观衅浪穹。或以众相威,或以利相导。傥若蚌鹬交守,恐为渔父所擒。伏乞居存见亡,在得思失。二城复置,幸容自新。"仲通殊不招承,劲至江口。我又切陈丹欸,至于再三。仲通拂谏,弃亲阻兵,安忍吐发,唯言屠戮。行使皆被诋呵。仍前差将王天运帅领骁雄,自点苍山西,欲腹背交袭。于是具牲牢,设坛墠,叩首流血曰:"我自古及今,为汉不侵不叛之臣。今节度背好贪功,欲致无上无君之讨。敢昭告于皇天后土。"史祝尽词，东北稽首。举国痛切，山川黯然。至诚感神，风雨震霈。遂宣言曰："彼若纳我，犹吾君也。今不我纳，即吾仇也。断，军之机；疑，事之贼。"乃召卒伍，捆然登陴。谓左右曰："夫至忠不可以无主，至孝不可以无家。"即差首领杨利等于浪穹参吐蕃御史论若赞。御史通变察情，分师入救。时中丞大军出陈江口，王审孤虚，观向背，纵兵亲击，大败彼师。因命长男凤迦异、大军将段全葛等，于丘迁和拒山后赞军。王天运悬首辕门，中丞逃师夜遁。军吏欲追之。诏曰："止。君子不欲多上人，况敢凌天子乎？苟自救也，社稷无殒多矣。"既而合谋曰："小能胜大祸之胎，亲仁善邻国之宝。"遂遣男铎传旧、大酋望赵佺邓、杨传磨侔及子弟六十人，赍重帛珍宝等物，西朝献凯。属赞普仁明，重酬我勋效。遂命宰相倚祥叶乐持金冠、锦袍、金玉带、金帐床、安扛伞、鞍银兽及器皿、珂贝、珠毯、衣服、驰马、牛缕等，赐为兄弟之国。天宝十一载正月一日，于邓川册诏为赞普钟南国大诏，授长男凤迦异大瑟瑟告身、都知兵马大将。凡在官僚，宠幸咸被。山河约誓，永固维城。改年为赞普钟元年。

二年，汉帝又命汉中郡太守司空袭礼、内使贾奇俊帅师再置姚府，以将军贾瓘为都督。佥曰："汉不务德而以力争，若不速除，恐为后患。"遂差军将王丘各绝其粮道，又差大军将洪光乘等，神州都知兵马使论绮里徐同围府城，信宿未逾，破如拉朽。贾瓘面缚，士卒全驱。

三年，汉又命前云南都督兼侍御史李宓、广府节度何履光、中使萨道悬逊，惣秦陇英豪，兼安南子弟，顿营陇坪，广布军威。乃舟楫备修，拟水陆俱进。遂令军将王乐宽等潜军袭造船之师，伏尸遍毗舍之野。李宓犹不量力，进逼邆川。时神川都知兵马使论绮里徐来救，已至巴蹻山。我命大军将段附克等内外相应，竞角竞冲。彼弓不暇张，刃不及发。白日晦景，红尘翳天。流血成川，积尸壅水。三军溃衄，元帅沉江。诏曰："生虽祸之始，死乃怨之终。岂顾前非而亡大礼。"遂收亡将等尸，祭而葬之，以存恩旧。

五年，范阳节度使安禄山窃据河洛，开元帝出居江剑。赞普差御史赞郎罗于恙结贵救书曰："树德务滋长，去恶务除本。越巂、会同谋多在我，图之此为美也。"诏恭承上命，即遣大军将洪光乘、杜罗盛、段附克、赵附于望、罗迁、王迁、罗奉、清平官赵佺邓等，统细于藩从昆明路，及宰相倚祥叶乐、节度尚检赞同伐越巂。诏亲帅太子藩围逼会同。越巂固拒被僇，会同请降无害。子女玉帛，百里塞途，牛羊积储，一月馆谷。

六年，汉复置越巂，以杨庭琎为都督，兼固台登。赞普使来曰："汉今更置越巂，作援昆明。若不再除，恐成滋蔓。"既举奉明旨，乃遣长男凤迦异驻军泸水，权事制宜。令大军将杨传磨伴等与军将欺急历如数道齐入。越巂再扫，台登涤除。都督见擒，兵士尽掳。于是扬兵邛部，而汉将大奔，回旆昆明，倾城稽颡。可谓绍家继业，世不乏贤。昔十万横行，七擒纵略，未足多也。

爰有寻传，畴壤沃饶，人物殷凑。南通渤海，西近大秦。开辟以来，声教所不及；羲皇之后，兵甲所不加。诏欲革之以衣冠，化之以义礼。十一年冬，亲与察佐兼总师徒，刊木通道，造舟为梁。耀以威武，喻以文辞。欵降者抚慰安居，抵捍者系颈盈贯。矜愚解缚，择胜置城。裸形不讨自来，祁鲜望风而至。

且安宁雄镇，诸爨要冲。山对碧鸡，波环碣石。盐池鞅掌，利及徉欢，城邑绵延，势连戎僰。乃置城监，用辑携离。远近因依，间阎栉比。十二年冬，诏候陈省方，观俗恤隐。次昆川，审形势，言山河以作藩屏，川陆可以养人民。十四年春，命长男凤迦异于昆川置拓东城，居二诏佐镇抚。于是威慑步头，恩收曲靖。颂语所及，翕然俯从。

我王气受中和，德含覆育。才出人右，辩称世雄。高视则卓尔万寻，运筹则决胜千里。观衅而动，因利兴功。事叶神衷，有如天启。故能拔城挫敌，取胜如神。以危易安，转祸为福。绍开祖业，宏章王献。坐南面以称孤，统东偏而作主。然后修文习武，官设百司，列尊叙卑，位分九等。阐三教，宾四门。阴阳序而日月不，赏罚明而奸邪屏迹。通三才而制礼，用六府以经邦。信及豚鱼，恩沾草木。尼塞流潦，高原为稻黍之田。疏决陂池，下隰树园林之业。易贫成富，徙有之无，家饶五亩之桑，国贮九年之廪。荡秽之恩，屡沾蠢动。珍帛之惠，遍及耆年。设险防非，凭隰起坚城之固；灵津蠲疾，重岩涌汤沐之泉。越赕天马生郊，大利流波濯锦。西开寻传，禄郫出丽水之金；北接阳山，会川收瑟瑟之宝。南荒淬凑，覆诏愿为外臣；东爨悉归，步头已成内境。建都镇塞，银生于墨觜之乡；候隙省方，驾憩于洞庭之野。盖由人杰地灵，物华气秀者也。于是犀象珍奇，贡献毕至，东西南北，烟尘不飞。遐迩无剽掠之虞，黔首有鼓击之泰。乃能骧首邛南，平眸海表。岂惟我钟王之自致，实赖我神圣天帝赞普德被无垠，咸加有截。春云布而万物普润，霜风下而四海飒秋。故能取乱攻昧，定京邑以息民，兼弱侮亡，册汉帝而继好。

时清平官段忠国、段寻铨等咸曰："有国而致理，君主之美也。有美而无扬，臣子之过也。夫德以立功，功以建业，业成不纪，后嗣何观。可以刊石勒碑，志功颂德，用传不朽，俾达将来。"蛮盛家世汉臣，八王称乎帝业，钟铭代袭，百世定于当朝。生遇不天，再罹衰败。赖先君之遗德，沐求旧之鸿恩。改委清平，用兼耳目。心怀吉甫，愧无赞于周诗，志效奚斯，愿齐声于鲁颂。纪功述绩，寔曰鸿徽。自顾不才，敢题风烈。其词曰：

降祉自天，福流后孕。瑞应匪虚，祯祥必信。圣主分忧，遐夷声振。袭久传封，受符兼印。

兼琼秉节，贪荣构乱。开路安南，政残东爨。竹倩见屠，官师溃散。赖我先王，怀柔伏叛。

祚不乏贤，先猷是继。群守诡随，贬身退裔。祸连虔陀，乱深竖嬖。殃咎匪他，途豕自螫。

仲通制节，不询长久。征兵海隅，顿营江口。矢心不纳，白刃相守。谋用不臧，逃师夜走。

汉不务德，而以力争。兴师命将，置不层城。三军往讨，一举而平。面缚群吏，驰献天庭。

李宓总戎，犹寻覆辙。水战陆攻，援孤粮绝。势屈谋穷，军残身灭。祭而葬之，情由故设。

赞普仁明，审知机变。汉德方衰，边城绝援。挥我兵戎，攻彼郡县。越嶲有征，会同无战。

雄雄嫡嗣，高名英烈。惟孝惟忠，乃明乃哲。性惟温良，才称人杰。邛泸一扫，军郡双灭。

观兵寻传，举国来宾。巡幸东爨，怀德归仁。碧海效祉，金穴荐珍。人无常主，惟贤是亲。

土于克开，烟尘载寝。鞍击犁坑，辑熙群品。出入连城，光扬衣锦。业留万代之基，仓贮九年之廪。

明明赞普，扬干之光。赫赫我王，实赖之昌。化及有土，业著无壃。河带山砺，地久天长。

辨称世雄，才出人右。信及豚鱼，润深琼玖。德以建功，是谓不朽。石以刊铭，可长可久。

也正是这段时期,唐王朝经历了几代君王的改革,虽然没有恢复盛唐气象,却也使唐王朝从"安史之乱"所引发的社会大危机中稍稍缓过一口气。唐德宗时,唐王朝仍然不断地调整对内和对外的政策,寻求新的发展。针对多年来一直威胁自身的吐蕃势力,唐王朝想通过与周边地区保持良好关系,对西南的南诏实施沟通政策,从而达到最终孤立吐蕃的目的。

唐朝剑南节度使韦皋是一个能干的地方长官,他知道南诏有意归唐,便对南诏积极施加压力和劝诱。793年,异牟寻终于下定决心归唐,他派遣使者分三批到成都表示诚意,愿为唐朝藩臣。794年,唐朝派遣使者崔佐时到阳苴咩城,在苍山上举行了盛大的盟誓活动,唱响了一曲大唐与南诏友好团结的颂歌。王宫里熊熊燃烧的火炬给人以光明,更时时释放出一种炽热。这就是南诏历史上著名的、永载史册的"苍山会盟"。南诏与唐朝双方都在誓文中约定,唐朝、南诏各守疆界,不相侵犯,保持和好关系,南诏不与吐蕃私下交通。此次结盟,郑回是有力的促成者,他帮助唐朝达到了孤立吐蕃的目的,也帮助南诏取得保境自立的权利。

会盟后,异牟寻便发兵袭击吐蕃,大破吐蕃军于神川(今云南境内的金沙江),夺取铁桥等十六城,得到吐蕃降军十余万人,征服施、顺、磨些等部族,迁数万户人充实弄栋镇。吐蕃大怒,倾全部兵力来攻剑南和南诏。801年,韦皋与异牟寻合力,大破吐蕃军。南诏生擒吐蕃军统帅论莽热,俘获大批俘虏,并将论莽热献给唐朝廷。

"苍山盟誓"结束了南诏反唐四十余年的历史,南诏重新回归唐朝。不久,唐朝廷派祠部郎中袁滋为册南诏史,前往南诏国都阳苴咩城举行册封仪式。"贞元册南诏",则是南诏归唐的又一个高潮。贞元十年(794年)十月二十七日,在阳苴咩城举行了隆重的册封典礼。袁滋代表朝廷宣读册封异牟寻为"南诏王"的诏书,向异牟寻正式颁发了"贞元册南诏印"。

"苍山会盟"及"贞元册南诏"结束了天宝战争以来南诏与唐王

朝之间的不和谐关系，再度开启了唐王朝与南诏友好关系的大门，谱写了唐王朝与南诏关系史上的新篇章。

古乐《南诏奉圣乐》就记录了这个盛世的辉煌。

《南诏奉圣乐》来自"夷中歌曲"。苍山会盟之后，异牟寻为答谢韦皋在南诏"弃蕃归唐"中的重要贡献，特派使臣率歌舞乐团赴成都向韦皋献乐。韦皋看了南诏乐舞后，被美妙的旋律、深远的意境、独特的乐器、宏大的场面、华丽的服饰、变幻的队形所震撼，同时对乐舞所表现的"悦归皇化，世为唐臣"的思想深表满意。他突发奇想，对南诏奉献的这台"夷中歌曲"进行加工，记录、翻译歌词，录成乐谱舞图，突出其政治色彩，将这台歌舞命名为《南诏奉圣乐》，然后命南诏使团直赴长安，向唐德宗晋献乐舞。唐贞元十七年（801年），庞大的使团到达长安，所献《南诏奉圣乐》因气势磅礴，民族特色浓郁，一时间轰动朝野。

《南诏奉圣乐》是南诏民乐舞的最高成就。其乐队演奏人员达一百九十六人，分为"龟兹部""大鼓部""胡部"与"军乐部"四个乐部，乐器多达三十余种。《南诏奉圣乐》以字舞为主体，分别舞"南""诏""奉""圣""乐"五字。所谓字舞，是指舞者通过快速的服饰转换、队形变化而组成字。每变一次，就成一字，每舞一字，伴唱一曲。舞"南"字，唱《圣主无为化》；舞"诏"字，歌《海宇修文化》；舞"奉"字，唱《雨露覃无外》；舞"乐"字，歌《辟土丁零塞》。

南诏归唐之后，与吐蕃的联盟瓦解了。失去了南诏支持的吐蕃，军事实力骤然减弱。唐王朝在西南地区军事上的不利局面很快得到改观，南诏方面则赢得了难得的发展机遇。唐王朝对臣服诸邦都实行"质子"制度，当时的高丽、渤海等都将王储及大臣之子送到长安作为人质，在唐朝宫廷中学习、生活，甚至为官。因此，异牟寻再三请求将南诏王子及大臣子弟送到成都剑南节度府为质，但韦皋变"质子"制度为留学方式，在成都设立专门的学校培养南诏王室及大臣子弟。此后五十多年，从成都学成归来的南诏子弟不下千人。此举为汉文化在南诏的传播，特别是儒学在南诏的发展铺平了道路。

唐元和三年（808年），在位三十年的异牟寻去世，享年54岁。异牟寻去世，同时也昭示着南诏王国从盛而衰最终走向消亡。

七、大理称雄——南诏更迭的政权

历史的脚步刚刚跨入10世纪的门槛时,唐朝、吐蕃、南诏三大势力的关系出现了新的态势。三方在多年彼此的攻防征战中,国力衰退,内部矛盾激化,吐蕃分裂,唐王朝衰败,南诏自顾不暇。自唐朝初年以来时战时和、互为依存的三大势力,同时陷入了危机之中。

吐蕃方面,松赞干布执政之后,多数君王幼年继位,由贵族辅佐。与唐王朝的战争不仅使吐蕃财力耗尽,更重要的是导致了王权的衰落与贵族势力的膨胀。唐开成三年(838年),达朗玛(又称达磨)继立为赞普,开始了吐蕃历史上最大规模的灭佛活动。唐会昌二年(842年),达朗玛被暗杀。第二年,两位王子同时被不同的政治势力拥立为赞普,吐蕃一分为二,吐蕃王朝瓦解。自松赞干布7世纪初统一吐蕃各部,到达朗玛被杀,吐蕃王朝统治二百余年,传九世。

南诏后期在王室及上层大姓名家主导下,发生了一系列具有重大影响的事件,即:发动了一系列针对唐王朝的战争;国王频繁改元加号;大力倡导佛教;着力经营鄯阐(今昆明)。许多人都认为此四项举措是南诏王室为摆脱危机、舒缓社会矛盾而采取的措施,而这些措施也的确有一定的效果。但也应看到,此时的南诏蒙氏王族统治者并不一定能如愿以偿,国之将亡,这么做也只是极尽能事,以求力挽狂澜。南诏后期的这一系列举措实是唐朝、南诏、吐蕃三者关系发展的必然结果。吐蕃势力已衰,退出了三角竞争。三雄去其一,余下的两方,其势力还在消长之中,其所继续的,仍是初唐以来唐朝、吐蕃、南诏之间的政治游戏。

异牟寻去世后,相继即位的南诏君王大多年少,因此大臣摄政比较普遍,心怀诡计的权臣往往趁机擅权,导致南诏政权内部的隐患加剧。10世纪初,苍洱地区也陷入一个政局动荡的时期。902年,年仅26岁、在位仅五年的南诏王舜化贞去世。舜化贞是南诏最后一位君王。一直擅有实权的清平官郑回的后裔郑买嗣趁机杀掉舜化贞八个月大的儿子，篡夺了蒙氏政权，南诏自此灭亡。

郑买嗣篡位后，改国号为"大长和"。

郑买嗣是郑回的后代。郑回在南诏久居相位，与蒙氏王室有特殊的关系。郑氏家族自己拥有优越的文化传统，因此子弟在南诏历代都有位居高位者，在南诏朝廷中形成一股文官家族势力。至郑回七世孙郑买嗣时，南诏王隆舜是"又多嬖幸，好田猎，纵杀戮"，"失下人心"。而郑买嗣善于逢迎拍合，深得隆舜信任，得居首相地位，并在南诏朝廷内广布腹心，又与以高赞为首的高氏武装势力协谋，得以专断国政。隆舜在后期走上了荒唐帝王迷信神佛丹药的老路，沉溺于主持道场、练功法、服丹药之事，最后发展到对帝王生活感到索然无味的地步，一心想要通过服丹药入定成佛。郑买嗣便趁此机会秘密指使侍臣杨登将隆舜害死，然后以伪造隆舜遗诏取得掌握全权的"国老"资格，并将蒙氏王朝的王位继承人舜化贞完全当作了傀儡。舜化贞为南诏王的五年时间只不过是王朝姓氏由蒙氏变为郑氏的过渡时期。此时郑买嗣已经掌握了南诏朝廷的一切权柄。当时机完全成熟之时，郑买嗣便于唐天复二年（902年）七月谋杀了舜化贞，继之又谋害舜化贞的婴儿，清除了南诏王统的直系继承人，正式登上最高权位，完全代替蒙氏王朝，建立郑氏王朝。

为夺王位，郑买嗣大开杀戒，杀死蒙氏王族八百余人。蒙氏家族自唐贞观年间崛起，在中国西南地区独领风骚二百多年，没想到竟被郑买嗣赶尽杀绝，并完全退出历史舞台。南诏灭亡后，云南进入了郑、赵、杨三朝更迭时期。

郑买嗣的出现，是在南诏王隆舜在位之时。郑买嗣出身新兴贵族世家，其先祖郑回在南诏久居相位，郑氏家族在南诏后期早已成为蒙氏之后的第二大家族。就是因为拥有这样的家族背景和家族势力，郑买嗣才有了篡位夺权的资本。民间流传着这样一个传说：隆舜时期，郑家已家道中落。郑买嗣父母双亡，成为孤儿。他在浪穹（今大理洱源）一带以编织竹箩筐为生，学得一身好手艺。他所住的村边有一个龙潭，他每天都到潭边做篾活。一天，龙潭里忽然伸出一个龙头，吞吐着一颗五颜六色的龙珠戏耍。郑买嗣胆大，搁下活计，看龙戏珠。那龙见有人偷看，却装作没有看见一般，一个劲儿自顾自地戏耍。郑买嗣情不自禁地拍掌叫好，那龙更加得意，把龙珠吐得更远更高，让郑买嗣瞧个痛快。这时郑买嗣想到当时在洱海边流传的一个说法：当今陛下隆舜梦见自己是龙王下世，可惜没有龙珠，否则就可以成龙、成仙了。一想到这儿，他就打起了龙珠的主意，如获龙珠，便可以献给南诏王，封官晋爵，从而结束贫困清苦的生活。他仿佛看到了自己身着清平官的衣服、平步青云时的模样。他甚至还梦到了自己的祖先，那个清廉的清平官郑回。但他不像郑回，在他的内心，已经滋生了许多邪恶的念头。他终于想出了一个法子。他用竹篾编了一个龙头，然后用纸裱糊起来，上好颜色，好像真龙一般，抬到龙潭边与真龙戏耍。真龙见了，十分高兴，吐出龙珠戏耍，无意中把龙珠吐向假龙，还恰好掉进假龙的嘴里。郑买嗣一把抓住龙珠，直奔南诏王宫。南诏王隆舜得到龙珠，喜出望外，立即封郑买嗣做了清平官。这个传说在《清康熙蒙化府志》中有记载："佞臣郑买嗣，郑回之后也。得龙珠于浪穹之河头，于南诏，诏大悦，以为清平官，谓之健士。"自此以后，南诏王隆舜便把南诏最为重要的国事交给郑买嗣去处理，并赐给他"健士""国老"的称号。

郑买嗣是一个贪得无厌的人，除了已经得手的清平官之外，他还想得到南诏王的位子。而南诏王隆舜自从得到了龙珠之后，整天就想着戏龙珠，并试图在戏耍中寻找到一种长生不老的秘诀。这样的机会对郑买嗣来说是绝佳的。郑买嗣借口组织大量人马大练兵，说要征讨西域昆仑国，这也是他篡位的开始。渐渐地，他拥有了南诏强大的军队，掌握了重权。

902年，郑买嗣开始行动。他谋杀了隆舜的儿子舜化贞，继之又谋害舜化贞年仅八个月的婴儿，清除了南诏王统的直系继承人。登上最高权位后，他杀了蒙氏王族八百余口，连同蒙氏的随从旧臣不归顺者统统杀掉。这还不算，据说他还派兵到蒙氏的老家捣毁了南诏的宗祠和土主庙，把蒙氏的祖坟全部毁灭。最终，南诏灭亡。南诏自738年皮逻阁统一六诏起至902年郑买嗣灭南诏，首尾共一百六十五年。

郑买嗣灭南诏后改国号为大长和国，其他制度则沿袭不改。

郑买嗣篡位建立的大长和国存在于903～928年间，传三世，历二十五年。928年，剑川节度使杨干贞以讨伐郑氏为名，起兵攻灭了大长和国，拥戴清平官赵善政为王，建立大天兴国。赵氏政权仅维持了十个月。929年，杨干贞又废赵善政而自立为王，改国号为大义宁国。杨干贞篡位后，贪婪暴虐，不得人心。

937年，杨氏被段思平所灭。通海节度使段思平趁大义宁国政权出现危机之际，联络滇东"三十七部"武装力量，首先攻破下关，接着攻占大理，灭大义宁国。938年，段思平即位，建立了大理国，仍定都于阳苴咩城。

大理古城

段思平为乌蛮贵族，也有历史学家说其为白蛮大姓。段思平当政后，大张旗鼓地进行了一系列改革，使政权逐步得到巩固，人民得到休养，经济在不长的时间内得到恢复和发展。自938年段思平开始至1094年，"大理"之名就作为政权的国号沿袭下来，传有十四世，共计一百五十六年。"大理"之名与南诏时期甚至更早出现的"大厘""大礼"的名称均有关联，"大理"的"理"和"厘""礼"字相异而音相近。从段思

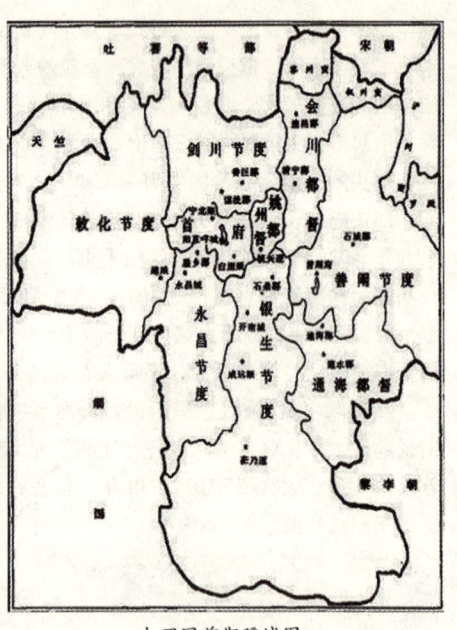

大理国前期疆域图

平开始，都城有了"大理"的叫法，"大理"既是政权的名号，也是都城的名称。从此，"大理"一词便被沿袭成为以洱海为中心的专有地名。

据史书记载，段思平建立政权之后，"更易制度，损除苛令"，并决定调理各方面的关系，以适应生产力的发展。"理"与"治"同义，"大理"即是"大治"的意思，这种说法并不准确。其实"理"是彝族的自称，大凉山彝族至今还称自己是"宁"或"宁惹"，彝区称为"宁木"，"宁"和"理"只是一音多写罢了。

段思平建立大理国，在位八年后去世，时年51岁。段思平死后，王位传于其子段思英。段思英仅在位一年就被其叔父废黜，段思良承

袭王位，改元至治。段思良在位六年，其子段思聪即位。之后的王位依次按素顺、素英、素廉、素隆、素真、素兴、思廉、廉义、寿辉、正明递传。

　　段正明坐了二十年皇位。到宋哲宗绍圣元年（1094年），因统治无能，政局动荡，民心皆归向清平官高升泰。在国人的要求下，段正明让位于高升泰，改国号为大中国。至此，段家递传了十四代的王位暂告中断。高升泰在位时间非常短暂，仅有两年。他临终前，深知自己之所以成为一国之君，实在是受命于段氏孱弱之时，所以他要求子孙将王位还给段氏。他说："我之立国，以段氏之弱。我死，必以国仍还段氏，慎勿背我。"高升泰死后，其子遵照他的嘱托，将王位还给了前大理国国主段正明的弟弟段正淳。从此，高氏的后代都世居相位，一直左右着大理政权。1096年，段正淳即位，改国号为"后理国"。后理国传八世，共计一百五十八年（1096~1254年）。后人习惯上将段氏的大理国和后理国视为一体，都以大理国相称，将高氏政权短暂的两年并入其中。段氏大理国从他的创建者段思平到末代皇帝段兴智，传二十二世，共计三百一十六年（938~1254年）。

八、"妙香国"与皇帝和尚

历史上大理国有一个奇特的现象,就是佛教不可思议地盛行,出家为僧的皇帝共有十位。

在南诏后期,蒙氏家族拜佛之风盛行,崇佛曾经达到一个高潮。据说当时南诏境内大寺有八百,小寺有三千。如果说这反映的主要是南诏统治集团或上层社会崇佛的情况,那么到了大理国时期,崇佛已经成为社会风尚。大理国仿佛就是一个佛国世界。在大理国三百多年的历史中,阳苴咩城的政治、文化向宗教方面倾斜,佛教渗透到大理国的方方面面,大理国较南诏更多地吸收了佛教文化。

大理国的开国皇帝段思平本人就是一位虔诚的佛教徒,他岁岁建寺,铸佛万尊。他灭大义宁国,并没有诛杀杨干贞,而是"赦杨干贞罪,废为僧"。杨干贞是第一位"避位为僧"的国王。

大理段氏传二十二代,其中共有十位国王先后走向神坛,避位为僧。仔细分析,各代为僧的国王都有一番故事。

第一位即是段思平之子段思英。段思英继位不到一年,就被废为僧,法名"宏修大师"。

第二位是第八世国王段素隆。从大理国王族世系来看,从第三世段思良至第七世段素廉,都是父子相承。段素廉因子先卒,皇孙段素贞尚幼,王位传于段素隆,为侄承叔位,并非父子相承。段素隆在位五年,到素贞长大,便禅位为僧了。这一代可以说是"还位为僧"。

第三位是第九世国王段素贞。段素贞由叔父段素隆还政而得王位,在位十五年后,退位为僧,王位传于孙段素兴。

第四位是第十一世国王段思廉。第十世国王段素兴在位不到三年,王位由段思平的第五世孙段思廉替代,王位由段思良一系又转回段思平一系。这个过程,高氏很可能起了作用。段思廉在位三十一年,禅位为僧,王位由子段廉义继承。

第五位是第十三世国王段寿辉。在第十二世国王段廉义时，发生了杨义贞叛乱。杨义贞杀段廉义自立，高氏灭杨义贞，立段廉义侄子段寿辉为国王。段寿辉在位仅两年，因迫于高氏压力，避位为僧，禅位于段思廉之孙段正明。

第六位是第十四世国王段正明。段正明在位十三年，为鄯阐侯高升泰所篡，避位为僧。

第七位是第十五世国王段正淳。高升泰在位两年，改国号为大中国，因病去世时嘱咐儿子泰明还位于段氏，立段正淳为国王，时称后理国。段正淳在位十二年，禅位为僧，传位于子段正严（和誉）。

第八位是第十六世国王段正严。段正严在位三十九年，因诸子争位，被迫禅位为僧，将王位传于子段正兴。

第九位是第十七世国王段正兴。段正兴在位二十五年，传位于子段智兴，避位为僧。

第十位是第二十世国王段智祥。

大理国国王避位为僧有多种情形，有的是世系转换，或非嫡系传承，引发王位之争，被迫让位；有的是时间较长，自然禅位；有的是大臣专权，频繁废立，被迫避位。往往是一场政治斗争结束后，失利者皈依佛门，一心向佛，不事争斗。得势者高居王位，操纵权柄，但对失败者都保持风度，没有像郑买嗣杀绝蒙氏八百余人那样残酷和惨烈。大理国三百余年，不仅对外亲和，没有与宋王朝发生争斗，没有发一枪一炮，一兵一卒；就内部来说，虽然国王世系不断变换，大姓专权，妄行废立，却也不见血雨腥风。这些看来都得益于对佛教的信仰。

那么，大理国前后十位皇帝为何要主动禅位呢？

禅让是中国古代历史上统治权转移的一种方式，即帝王把帝位让给他人。具体来说，是指古代帝王让位给不同姓的人，如伊祁姓的尧让位给姚姓的舜，舜让位给姒姓的禹。这是一种"拟父子相继、兄终弟及"的王位继承制度，是对正统王位继承制的模拟，是上古政治舞台上部族政治激烈角力的结果，目的是让各大部族的代表人物有机会分享最高权力。在中国古代史上，像大理国皇帝频频禅位的现象，是绝无仅有的。

大理国前后十位皇帝主动禅位，与开国皇帝段思平的政治思想有关。《段氏传灯录》载："按制，皇族直系，六岁习文武，十岁善射骑，十三演阵操兵，十五文能诗词牍文，武能带兵打仗。无能者，皇子难登大位，将以皇族文武全才有德者荐为国君。"此制为文武皇帝段思平所定。段思平又规定："若国中皇室无良才，朝中若有文武双兼大才德者，可立为国君，贤者居之。"（《三迤随笔·保定帝段正明》）段思平制定的这一套制度，在封建社会无疑是具有进步意义的，"贤者居之"是"官天下"的表现，是"天下非一人之天下，唯有德者居之"的同义语，只可惜这种政治理想在中国历史上仅仅是一种空想，从来就没有实现过。人们梦寐以求的政治理想却在偏安于西南边陲的大理国得到部分实现，可称为中国历史上的奇迹，最耀眼的闪光点。

南诏、大理国时期，佛教等同于国教，知识阶层大多都是"读儒书，行孝悌忠信之事"的"释儒"，民间"其俗多尚浮国法"。更有趣的是，担任教师之职的人员称为"师僧"，他们"教童子多读佛书，少知六经"。鉴于这种教育方式，南诏、大理国选拔人才的标准也是"通释习儒"。那些懂得佛教义理，又熟悉儒家典籍与理念的佛教徒，成为大理国科举考试录用的对象。南诏后期，特别是大理国时期，官员都从僧侣中选拔。

大理自文经皇帝段思英出家始，就有十帝为僧。崇圣寺、无为寺皆为国寺，两寺住持可参国事，可择储君，权力巨大。而两寺住持大比丘多为历代国君、清平官。

由于佛教为国教，历代皇帝、清平官当然要带头信教，所以他们受佛教思想的影响更深。佛教的基本教义是以断除烦恼而成佛为最终目的。为了成佛，断除烦恼，有的皇帝便看破红尘，禅位于他人，毅然出家了。从一些帝王出家的经历,可以看出他们的禅位是深受佛家思想影响的。

大理国虽不是政教合一,但"政"与"教"彼此有密切的关系,而且教是政的基础,比如国君规定:"若非佛子,不得做官。"大理国僧侣分为五类,第一类为法师,如赞陀、罗荃、周寿海、董迦罗等皆得国师之位,可随军出征,决策战争,国人敬之如王。国君出家,并非完全出世,还可干预朝政。可见大理国君禅位后,实际上是当太上皇,仍然可以遥控政治,他们是很乐意做既当太上皇又可成佛这样一举两得的事的。

当然,大理国君的禅位,有的也并非出于自愿,有不得已而为之的事例。如段思英的禅位,就是因为其叔父段思良为争帝位而相逼。段思英愤然道:"阿母在世,常言及叔有为帝之心,今果然。"司马昭之心,路人皆知。段思英不得已,才让出帝位。秉义皇帝段素隆禅位出家,是因为段素廉的孙子素贞年少而有争帝位之心,常与群臣言:

崇圣寺

"吾父虽故,位当属孙。阿叔居之而国理何在?"素隆就禅位给素贞,出家无为寺。

总的说来大理国虽时有王室纷争的事发生,但矛盾斗争并不激烈,这恐怕得益于段思平所定的制度,同时又受到佛教思想的影响。

大理国是云南历史上的一个奇迹,同时也是充满神秘气息的地域。生活在大理国时代的人们热爱和平,民风淳朴,向往着与世无争的生活,其人生理想和思想态度较之中原地区也是迥然不同,所以大理国又被世人称为"妙香古国"。

"妙香国"这个称呼究竟从何而来?《滇略》卷四载:"世传苍洱之间在天竺为妙香国,观音大士数居其地。唐永徽四年,大士再至,教人捐配刀,读儒书,讲明忠孝五常之性,故其老人皆手捻念珠,家无贫富,皆有佛堂,一岁之中,斋戒居半。"《滇黔纪游·录云南》也有记载:"大理府为天竺之妙香国,初属罗刹。"大理点苍山古称灵鹫山,传说佛祖释迦牟尼曾于此地讲解《法华经》,又在洱海印证如来位。《大理古佚书钞·大理国僧分五类》一文载:段思平之得位,为观音三救思平于危难中。他登基之日先拜天地,再拜观音,并说:"吾国国号大理,本妙香福地,以佛立国。"又说:"叶榆古泽国,为罗刹领地。观音显化借地而伏罗刹,镇于地宫而立白国,即妙香国。"

崇圣寺是南诏国都城阳苴咩城区著名佛刹。崇圣寺在王都北侧外,建于南诏佛教鼎盛时期,其盛时"基方七里,三阁七楼九殿,为屋八百九十一间,有佛一万一千四百尊,用铜四万五百五十斤",是当时"妙香古国"的中心,被誉为"佛都"。巍峨雄壮高耸入云的三塔、声闻百里的建极大钟、"如吴道子画"的雨铜观音像、华严三圣像和崇圣寺高僧圆护大师手书的"佛都"匾,被誉为崇圣寺五大重器,使佛都古寺熠熠生辉。而大理国几位不爱江山不恋俗尘的国王在寺内出家修行,更使这座皇家寺院气势恢宏,庄严肃穆,成为当时东南亚地区最大的佛教寺院和佛教文化交流中心。

明代伟大的地理学家徐霞客来到大理时,曾夜宿崇圣寺,他在

《滇游日记》中对夜色中的崇圣寺作了如下描述：

> 前三塔鼎立，而中塔最高，形方累十六层，塔四旁高松参天。其西由山门而入有钟楼与三塔对，势极雄伟。楼中有钟极大，径可丈余，而厚及尺，为蒙氏时铸，其声闻可达八十里。楼后为正殿，殿后罗列诸碑，而中所勒黄华老人书四碑俱在焉。其后为雨铜观音殿，乃立像，铜铸而成者，高三丈。其左右回廊诸像亦甚整，而廊倾不能蔽焉。

感通寺，又名荡山寺、上山寺，在大理点苍山圣应峰麓。此寺始建于南诏时期，当时有李成眉慕此山水之胜，建大殿一间。大理国时段氏增建殿宇，寺院始初具规模。后来，各地僧人纷纷来此建庵。

观音阁，位于喜洲庆洞村，相传始建于南诏。明末圣元寺主体建筑为洪水所毁，钟楼独存，为大理地区现存古建筑中年代较早者，对研究白族古代建筑史有一定的参考价值。

南诏、大理国时期还修建了很多的佛塔。造塔活动在南诏国时代已经出现，常常是民间和皇朝合力而为。塔是一种在亚洲常见的、有着特定的形式和风格的东方传统建筑，是一种供奉或收藏佛舍利（佛骨）、佛像、佛经、僧人遗体等的高耸型点式建筑，称"佛塔""宝塔"。而在大理，在美丽的洱海旁，可以看到这样一处塔的神址，伴随着人们的信仰，这就是崇圣寺三塔。崇圣寺三塔位于大理古城北1.5公里处，西傍巍峨苍山，东临秀丽洱海，傲立千年于大理坝子中部。寺中立塔，古塔以寺名。崇圣寺，也就是徐霞客在《滇游日记》和现代武侠小说大师金庸在《天龙八部》中所写的"天龙寺"。崇圣寺的壮观庙宇在清朝咸丰、同治年间烧毁，只有三塔完好地保留下来。崇圣寺三塔由一大二小组成。大塔又叫千寻塔，与南北两个小塔的距离都是70米，呈三足鼎立之势。千寻塔高度是69.13米，为方形密檐式空心砖塔，一共有十六级，属于典型的唐代建筑风格。塔身内

大理崇圣寺三塔

壁垂直贯通上下，设有木质楼梯，可以登上塔顶从瞭望小孔中欣赏大理古城全貌。据说塔顶可容纳四个人，从接近塔顶的塔沿可搭梯子爬上顶端，但那要有很高的技艺和超凡的胆量。千寻塔矗立在两层高的台基上，塔前朝东的照壁上刻有"永镇山川"四个苍劲有力的汉字，每字高1.7米，为明朝黔国公沐英之孙沐世阶所写。之所以写这四个字，原因有两种说法：一种说法是大理地区历史上水患多，恶龙作怪，要治水就要先治龙，可龙唯独只尊敬塔，畏惧大鹏，因此只要塔和塔上的大鹏金翅鸟存在，龙就不敢作恶，水患当然也就减少了。据说这三座塔下压着九条龙，大塔上的大鹏金翅鸟在1925年的大地震中震落后就不知去向。1978年至1981年，当地政府对三塔进行维修与加固时发现的珍贵文物中有其模型，如今下关西洱河畔大理白族自治州博物馆门口的大鹏金翅鸟雕塑是其复制品。另一种说法是，明朝时，地处边疆的大理地区已划入明朝的版图，为了充分表达对这块版图的坚守之意，在屹立不倒的塔基上题字刻碑就再合适不过了。

千寻塔开始修建的时间一般认为是南诏王晟丰佑时期（823~859年）。修建千寻塔的方法传说有多种，其中一种叫"土层掩埋法"，也就是由塔基开始，每修好一级塔，就用土层掩埋一级，并把土堆压成一个斜坡形的土台子，这样就大大方便了运送建筑材料和修建上一级塔。等到大塔封顶时，土台的斜坡已延伸数里远，接下来又一层一层地挖去埋塔的土层，直到完全显露出整座塔来。

南北两座小塔高度相同，都是42.19米，各有十级，是一对八角形密檐式砖塔，八级以上为实心，八级以下则为空心，外观轮廓线像锥形，属典型的宋代建筑风格。根据相关史料推断，南北两座小塔建造于大理国段正严、段正兴时期（1108~1172年）。现在我们看到的两座小塔已偏离了垂直线，出现了令人担忧的倾斜状态，但不用担心，因为它们这样倾斜已经有四百多年了。这可以说是大理的"斜塔"奇观，和意大利的比萨斜塔有异曲同工之妙。比萨斜塔是意大利中部比萨大教堂的一座钟楼，是意大利著名的古代文化遗产，也是世界建筑历史的奇迹。塔由于造基不慎，到第三层出现倾斜，被迫停建达一个世纪之久，后来继续施工。建成时，塔顶中心偏离垂直中心线2.1米。六百多年以来，塔身继续缓慢地倾斜，所以称为"斜塔"。这种"斜而不倾"的现象，是比萨斜塔闻名遐迩的原因。

千寻塔每级四面都有拱形龛，也就是常说的供奉神佛的小阁子。相对的两龛内供有佛像，另外两龛则作为窗洞直通塔心。而南北小塔每级的八方都有形状各异的塔形龛，各层塔身都有浮雕作为装饰。崇圣寺三塔的级数都为偶数，而其他地方佛塔的级数一般都是奇数。

崇圣寺三塔从修建至今除经历了上千年风吹日晒之外，还经历过三十余次强地震的考验。其中，明朝正德年间的大地震使大理古城房屋绝大部分倒塌，千寻塔也折裂如破竹，可十天后竟奇迹般地自行复合如初。在1925年的大地震中，城乡民房倒塌率达99%，可千寻塔只震落了顶上的宝刹，这对于没有石基而直接在土基上修建的三塔来说无疑是一个奇迹。

崇圣寺及三塔建成后至明代，寺院保存完好。史料上记载其规模基方3.5公里，三阁七楼九殿，房屋八百九十余间，有佛一万一千四百尊。大理国时曾有九个国王禅位为僧，任崇圣寺住持。在佛教盛行的大理国时期，百姓不论贫富，家家户户都有佛堂，不论男女老少，都手不释数珠，因此大理国有"佛国"之称，而崇圣寺又有"佛都"之誉，即所谓"南中梵刹之胜在苍山洱水，苍山洱水之胜在崇圣一寺"，而寺中的三塔、鸿钟、雨铜观音、证道歌碑、佛都匾和三圣金像被视为五大重器——五大宝物。直到明代，李元阳组织重修崇圣寺时，寺中五宝还保存完好。南诏建极十二年（871年）所铸造的寺内鸿钟，徐霞客曾在《滇游日记》中这样写道："钟极大，径可丈余，而厚及尺……其声闻可达八十里。"因而"钟震佛都"曾是大理著名的十六景之一。寺内的雨铜观音庄严静美，细腰赤足，造型精妙。相传在殿内铸造高三丈的观音，铸到一半时铜已用完，这时天上下了一场铜雨，人们便收集这些如珠铜雨才铸完观音，故名雨铜观音。寺内的巨钟后来毁于清咸丰、同治年间，雨铜观音毁于十年"文化大革命"，证道歌碑和佛都匾毁坏时间不详。现在寺内的钟楼和雨铜观音殿是近年重新修建的。重铸的建极大钟由北京古钟博物馆据史料设计，由南京晨光机器厂铸造，钟高3.86米，直径2.138米，重16.295吨，为目前中国第四大钟，云南第一大钟。

另外，《张胜温画卷》是大理王国信仰佛教、对佛教非常重视的一个佐证。画卷由大理国描工张胜温绘制，成画于盛德五年（1180年）。画卷为纸本，款式为大型卷轴画，共绘有单位及组合像一百三十四幅，有人物七百六十四人，形象栩栩如生；还绘有山水、树木、舟楫、庭院、池台、狮、象、鹿、马、龙、凤、犬等形象。其绘画技术精湛娴熟，用色讲究，画面金碧辉煌；书法庄重秀丽，有唐代绘画遗风。卷首有清高宗乾隆皇帝题诏，卷尾有数跋。画卷题材以反映佛教故事为主，兼反映大理国外事活动。时限从利贞王后礼佛图开始，至西土十六国王告终。内容大致为蛮王礼佛国、四金刚护法、八大龙王、十六观世音菩萨、五佛会图、七佛图、维摩诘经变、四大菩萨、六佛母、十六罗汉、禅宗六祖、八大高僧、十二天神、宝塔经幢、十六国主众等。《张胜温画卷》曾被人称作佛陀世界的巨制，故又称《大理国梵像卷》。

《张胜温画卷》（局部）

画卷的《梵像卷》反映了佛教在南诏、大理国时期十分兴盛的历史，是研究当时大理国历史和文化艺术的珍贵资料。画卷中的《维摩诘演教图》就是画家据《维摩诘经》所述的故事而创作的。维摩诘原本是毗耶离（吠舍离）城中一位富有的居士，因苦心研读、虔诚修行大成佛法得正果，就被尊奉为菩萨。相传有一次他称病在家，惊动了释迦牟尼。佛佗知其诈病，于是特派具有智慧第一的文殊菩萨前去问疾。两位菩萨相见后互斗机锋，反复论说佛法经义，妙语连珠，意理深奥，使同去看望的尊者们大为惊叹。之后，文殊便对维摩诘倍加推崇，人们对其也更加崇敬。建造精巧、装饰古朴的凉亭与两株青翠欲滴的苍松、古柏相互映衬出一个简洁明快的中国园林一角，这不正是维摩诘这位富商贵贾而又博学多才的大士所居住的环境么？一位身穿直裰，腰系黄绦，披朱红袈裟的高僧扑伏于维摩诘座前，微微抬起额头聚精会神地聆听这位大士对人生、入道、正果的叙述。而文殊却端坐在一旁与众尊者罗汉一同听讲经义。将两位菩萨置于清幽的环境中，以一种祥和的氛围来表现维摩诘与文殊相互论说佛法，显得平和而又亲切。

张胜温笔下的维摩诘头裹纱罗朴巾，身穿石青绸衫，外罩褚石色缂丝袍，犹如清谈的贤士，身体微微向前倾斜，左臂扶于檀木制龙首嵌珠臂搁之上，右臂则轻轻抬起，右手置于胸前，跷起二指似在有所点拨，动态的把握极富动感。大士的五官浓眉青须，大耳垂项，神态庄重。维摩诘所着长袍上的云鹤纹样精美华丽，极具大士的尊贵。在一旁的文殊菩萨端坐在九莲须弥座上，头顶七彩璎珞华盖，身着华美，流光溢彩，双手合十，面目清秀，双目有神，透出慈祥的光芒。旁边一位富有的少妇形象不但使文殊菩萨显得气度尊贵，而且更贴近生活。在她身旁的尊者、侍者中，一位双手抱拳，张口呆目，已被维摩诘所论佛法经义完全吸引住了，并显得感叹不已，其他诸佛更是为之惊叹，暗自折服。另外，亭旁的西域梵僧们也都满面笑容，这恐怕是因为聆听到维摩诘如此精彩绝妙的经法而由衷高兴。

画卷的《大力金刚像》也是十分精美。大力金刚为胎藏界曼荼罗金刚萨院的第一位神祇，金刚萨院前的使者，供职于密宗二法门。大力金刚足踏莲花座，背负赤金火焰环，作愤怒状，身体半裸，面目狰狞，丰满的肌肉给人以一种力与美。长有三首八臂十二目的金刚头戴绿松石，嵌骷髅佛饰，腰缠毒蛇，手持金刚杵、宝剑、弓箭诸法器，赤发飘散，怒目而视，两颗狰牙从口中并出，浓眉重须，好生凶恶。在其下方绘有一只雉类禽鸟，毛羽鲜亮，色泽迷人，似在向金刚作揖；禽鸟前方有一个笼筐，内盛三颗人头，更使画面蒙上了一层神秘的面纱。仔细观赏此画像，不由使人想到西藏藏传佛教艺术唐卡绘画中怒神和擦擦（藏传模制泥佛）的形象。由此也可看出当时两个不同地域、不同民族间在政治、经济、宗教、文化等方面相互交流、相互吸收的历史痕迹。

画卷《大宝莲释迦牟尼佛》描绘的是佛祖释迦牟尼端坐在大宝莲正中的场景。大宝莲由四十六片莲瓣组成，左右相互对应，每一片莲瓣上都用金泥书写一"寿"字，粗看这些金寿字笔画相同，细看却又是一个寿字一种写法，绝不雷同。在略带胭脂红的莲瓣上，白和金两色将叶片的茎一根根都表现得十分细致，大宝莲生动而又夺目。释迦牟尼佛安详地端坐在大宝莲座正中，散发着熠熠金光，更加突出佛光普照。佛祖身着长袍，披袈裟，赤足而坐，右手扶膝，左手抬于前胸，显得无比安详、平和。释迦牟尼佛面部丰满，慈眉善目，嘴角微微上翘，无比地亲切。佛的双耳垂肩。据说三国时刘备就是双耳垂于两肩，被人称为"福相"。魏晋时，佛教盛行，各地工匠将这"福相"移植到佛教造相当中，并成为历代菩萨宝相创作的一种模式，一直沿用到今日。画面中的释迦牟尼胸前不是佛教中常用的字，而是一个寿字。在宝莲座下绘有两名供养人。左边的一位上裸身体，着红短裙，半跪，双手合十，头顶有五色华盖，并设有供案，供奉有海螺、宝瓶等八宝吉祥。另一位衣着华丽，双膝跪地，手持宝珠。大宝莲升腾空中，四周祥云朵朵，上方透射两道霞光，给人以释迦牟尼佛恩泽大地、普度众生之感。

画卷与《清明上河图》被称为南北双绝，在中国美术史上以及研究大理国与藏、川、中原的政治、经济、文化、宗教渊源关系诸方面，占有重要地位，具有重要参考价值。

大理国信仰佛教在中国历史上是有名的，以佛教为国教，上至国主，下至百姓，都笃信佛教。这不仅是因为云南靠近佛教的发祥地印度，佛教易传入，早在南诏时代，佛教就十分兴盛，最重要的一点是与开国皇帝段思平的一段奇特的经历有关。据史载：大理段氏本蒙氏武将，段思平为杨干贞追杀，躲避于古寺观音大士法身后，杨氏遍寻不得。段思平感大士慈航普度，救性命于危难之际，发愿若得大位，必以全国供养三宝，遍建伽蓝，以佛教为国教。段思平夺取政权后，立国曰大理，称文武皇帝，建八大伽蓝，并谕："……臣民皆信佛，户户供养观音。初一、十五君臣万民素食……"此制沿至后大理。

有关段思平的传说还有很多。段思平的母亲叫阿垣，据说是仙胎降世。那时候苍山五台峰下有一棵千年老梅树，多年不结果。有一年，这棵老梅树结出个李子来。这李子见风就长，只几个月便长得有冬瓜那么大。一天晚上，更深人静之时，这李子忽然落下来，摔成两半。一半里面躺着个眉清目秀的小姑娘，又哭又叫，惊醒了附近一家姓段的夫妇，他俩刚好无儿无女，就把这小姑娘收养起来。因为她长得又白又胖，就取名叫白姐阿妹。白姐阿妹越长越好看，人又聪明能干，所以村里的许多青年人纷纷前来求婚，但她一个也不喜欢。

大理国缔造者段思平塑像

两个老人也舍不得把她嫁出去，她就一直守在老人身边。有一天，她到江边去洗澡，见一根断木头忽然从下游一直往她身边冲来，她躲也躲不开。木头碰了她一下，她就此身怀有孕。十个月过去，她生下了一对白白胖胖的儿子，大的取名思平，小的取名思良。段思平从小就很聪明，两岁就能说会道，七岁就能写诗作文，家务事他也样样会做，因此人们都非常喜欢他。有一次，他到苍山放牛，有头牛忽然说起话来："思平为王！思平为王！"牛刚叫完，山脚下有几匹正在吃草的马也向着他呼叫："思平为王！思平为王！"他又奇怪又害怕。回到家中,门前的那几只鸡也对着他齐叫:"思平为王!思平为王!"这简直把他吓坏了。这件事万一被国王杨干贞的人知道,那还了得?那岂不是性命不保?他越想越觉得不对头,以后连门也不敢出了。后来,这件事还是被人们知道了,到处都在传说段思平要当王的事。不久,这件事果真传到了大义宁国王杨干贞的耳朵里。杨干贞自从废了赵善政自立为王后,一直疑神疑鬼,生怕别人来篡夺他的王位。如今,听说段思平要当王,十分惊恐。他马上下令去捉拿段思平,但几次都因段思平不在家没有抓着。原来段思平知道杨干贞派人抓他,便连夜往北方逃去。杨干贞就派兵追赶,追到上关,眼看就要追上。正在危急之时,忽然见一个老人在一块平地上打荞子,段思平急忙跑过去,请求老人搭救。老人就把他藏在一个石洞里。追兵连段思平的影子也未看到,便问老人:"你看见一个青年男人从这里过去吗?"老人说:"没看见。"追兵左寻右找,没有找到,只得往回走了。追兵走后,老人找了一条船,把段思平从上关送到下关。段思平走后不久,弟弟段思良和他的朋友董伽罗也赶到上关来找他,问老人是否看见哥哥?老人就把段思平的去向告诉了他俩。段思良和董伽罗赶到下关,找到段思平。他们三人便一同往东边去,到了品甸,就在那里隐居下来,勤学苦练武术。一天,他们三人上山打猎,忽然见山腰的岩石上插着一根长枪,银辉闪烁,十分锋利。他们用四五层牛皮叠在一起做成一个靶子,段思平举枪轻轻一刺,就刺了个对穿。他们如获至宝,高兴得不得了。第二天早晨,段思良和董伽罗还在熟睡,段思平便操起长枪往帝释山打猎去了。他走到陡峭处,看见一个东西金光耀眼,走近一看,原来是一副金鞍银辔。他想:这东西今后可能有用,于是就把它拿到附近的狗街池中去擦洗。这时,从池中跳出一匹头如龙头、身如大象的大红马,它一边大声嘶鸣,一边大步往段思平身边跑来。段思平又惊又喜,就把金鞍银辔给龙马配上,跨上马背,往回家的路上走去。段思良和董伽罗见段思平空身出门,骑着高头大马回来,感到非常奇怪。段思平刚跳下马来,他二人就追问:"你的马从哪里得来的?"段思平把经过向他俩说明后,董伽罗说:"你得神枪龙马绝非偶然,这定是天意。"段思平说:"从上关老人相救,到得神枪龙马,我也觉得像是有位神仙在暗中相助。"董伽罗又说:"杨干贞暴虐无道,天怒民怨,神仙对你暗中相助,是助你为王,你不应辜负天意民心。"从此,他们招兵买马,加紧操练,准备来日证讨杨干贞。自从段思平得到神枪龙马后,人们越来越敬重他,当地握有兵权的董、段、赵、郑等几家大姓也愿意拥戴他为王。因此,段思平的势力越来越大,兵马也越来越多。出师那天,他封董伽罗为军师,封段思良为副将,带领全部人马,从品甸一直来到蒙舍城。然后他又派人四处游说:"段思平当王是天意。只要他当王,就可免去劳役和赋税。"老百姓听后都纷纷前来投奔他。有一天,一个卖核桃的人来找段思平,送他一麻袋核桃。段思平捡起最大的一个核桃把它磕开,发现壳中有"青昔"二字。段思平好不奇怪,把董伽罗请来,问道:"是吉是凶请军师直言。"董伽罗说:"青字是十二月,昔字是二十一日,你当王的日子是十二月二十一日。"段思平听后很高兴,对周围的人说:"我如能当王,一定好好报答你们。我还要把老百姓的赋税减去一半,免除劳役三年,保他们太平安康。只要我们齐心协力,定能把大义宁国推翻。"众人听了都高兴得三呼万岁。不久,苍洱地区的许多部落都前来投奔他,连三十六部酋长都来归顺。这样一来,他的力量就越来越大。第二年,他便率领大军,兵分两路,打到了龙尾关和龙首关之外。

狡诈的杨干贞早已得知消息,派了重兵固守。段思平见形势不利,便下令就地扎营。当晚,段思平做了个梦,梦见三件事:一是他被人抓去斩了头,二是他心爱的玉瓶被打缺了一个口,三是他的宝镜被打得粉碎。第二天早上,他看看前面防守严密的关口,越来越觉得不对劲,就把董军师请来解释。董伽罗听后笑道:"好梦,好梦,此梦再好不过了。"段思平不解地问道:"斩了头还是好梦?"董伽罗说:"公为丈夫,夫字去头为'天'字,为天子兆也;玉瓶缺嘴,是玉字旁缺一点,即'王'字,为王之兆也;镜中有影,如人有敌,镜破无影,这是无敌之兆。这三件事,都是好兆头,不必多虑。"段思平听后转忧为喜,当天下午就带兵出战。但一看刀枪林立的关口,他又有点不知所措了。这时,忽然从前面的河水中冒出一位美女,对段思平说:"兵从河尾渡水,马从上下沙坪齐进,包你一定成功。得国后,国名改为大理。"说完美女就不见了。段思平听后,觉得言之有理,便遵照美女的指点进军。果不其然,段军势如破竹,一口气便把上下两关和皇城都攻破了。杨干贞带着几个残兵败将,费了九牛二虎之力才杀出皇城,连夜往东逃去。段思平得了天下后,改国号为"大理"。段思平并没有忘记那位河上美女的帮助。他派了一位官员,带着随从去找,但找了好几天都没有找到。段思平又亲自去找,找遍了大理坝子也还是未找到。最后,他在那位美女站立的河岸上发现一尊白石观音像,才恍然大悟:"原来上天相助,赐神枪龙马,以及水上美女的指点,都是观音老母所为啊。"他急忙带领文武官员把白石观音像迎进皇都,盖了座金像寺,世世代代供奉。

很显然,段思平的出生,以及其他的故事并非实有其事,但这种传说能够出现并流行开来,自然也有它的理由。段思平出生与成长的神秘性,以及各种"异兆"说明段思平并非普通人,他的经历非常坎坷,他的世系非常悠久,而且他与南诏蒙氏具有共同的祖先,大概是以此来标榜段氏大理国的合法性。

段思平当了大理国王之后,制订了一系列治国安邦的措施,深受老百姓的爱戴。因此在他死后,大理、洱源的不少白族村子都把他尊为本主来供奉。每年农历八月十日本主节这天,人们都要举行隆重的仪式来祭祀他。

段思平执政期间基本上没有战争,这主要是因为他自己本身喜欢太平盛世,厌恶罪恶的战争,就像当初异牟寻一样坚决地拒绝战争。可是在异牟寻的时代,即使他要拒绝,战争依然像南诏国的瘴气一样包围着他的王宫,使得这位前南诏王不得不一次又一次地面对战争挑衅。而大理国的君王段思平却在厌恶战争的心情中开始面对他的国家,他骑着大龙马,他是万人之上的君王,他是一统大理国的英雄,他从阳苴咩城出来,来到了洱海边上。他感受着迎面吹拂的海风,感受着美好的太平盛世。

段思平走进村庄,他早已经换下了一直穿在身上的金灿灿的帝王服装,微服访问,与民亲近。这也是他处理繁杂政事之外最快乐的时刻。他感受到自己的呼吸、体温、心跳都与老百姓一致,息息相关。

大理国时期基本上是一个以农业经济为核心的时代。段思平常常在夫人陪伴下深入到农家,来到田间地头。起伏的庄稼飘来阵阵清香,他沉溺于做农活的快乐之中,而不让政事来羁绊。"二月八,庄稼会",这是邓川农事的一项活动,也是与君王的一次聚会。从四面八方涌来的农夫们聚拢在一起,参加庄稼会。农夫们将看到近年来最先进的农具,也会看到饱满的种子的展示。段思平从那一刻起就已经

巍峨雄壮的苍山横亘在洱海西岸

为他的国家敲开了农业的窗口和门户，他的足迹遍及田野乡间，他的影子飘荡在民间的各个角落。君主只有生活在民间时，才会感受到庶民们的快乐和忧虑。民间，是把四季之轮回转换为现实的幕幔。他揭开了层层叠叠的，在阳苴咩城宫中无法看到的现实生活。在那一刻，在他所执政的，非常有限的八年时间里，他看得最多最深入的是让他着迷的大理国农业、畜牧业的发展。这位受人爱戴的大理国开国君王最终也死在了邓川的农事活动中，死在了他热爱的大地和民众之中，而不是宫殿冷冷的床上。段思平以这样的一种方式离开了人世间，没有给百姓们留下答案，没有将真正的死亡原因告知给大家，留下的仅仅是一系列的猜想，以及在史书上赫然显现的大大的问号。只可惜，他死得太早，仅仅执政了八年的时间。就这样，段思平的儿子段思英承担起整个大理国所有的重担。

在这之前，段思英只是一个在皇宫中学习汉文化的年轻人，他始料不及，大理国最为沉重的王位在瞬间压在了他的身上。父亲死的时候，他还是一个单纯的年轻人，从未想过王位一代又一代传承的传统和习俗，他觉得自己难以承担国家和民众这样沉重的担子。有这样的传说，段思英起初一直拒绝王位，可是他别无选择，就这样勉勉强强地扛了不长不短的一年时间。之后，他突然丧失了以往生活在宫殿中的快乐，他诚惶诚恐地坐上了王位。他没有宏伟的目标，他不像他的父亲有着心系天下子民的温暖的心。他不知道自己到底应该做什么，他弄不清楚，他在犯糊涂，这正好让他的叔父有了可趁之机。叔父段思良观察段思英已经有很长一段时间了，他从一开始便已经看到侄儿脸上惶然的神情，这为他的篡位增加了机会。对于权力的追逐，这在段思良的胸中已经孕育了很久，可是兄长思平的光芒窒息了他的欲望。现如今，兄长思平去世，而侄儿面对皇位时的焦虑不安终于使得他大大方方地站了出来。他把他的想法讲了出来，他的欲望已经不能再抑制，他让思英把王位让给他，因为年轻的王国经受不起突然而至的混乱，也经受不起一个年轻的君主毫不成熟的领导，国家必须有人去治理。当然,他对思英寄予希望,就是在思英变得成熟起来的时候再把皇位还给他。年轻的思英面对叔父,不知所措。

在父王去世后,段思英所有的依靠都在于母亲。他寻找到了母亲,那是他唯一的庇护之所。国母杨桂仙自从丈夫段思平去世以后,就关注着宫廷之中细微的变化,但是她也没有料想到,原来这一切突如其来,如此之快,让她毫无防备。她了解她的儿子,他是一个软弱的人,她也深知自己的儿子难以担当起大理国的重任,也根本无法和段思良抗争。段思良面对皇嫂,摆出了最直白的理由:侄儿年幼无知,他是响应文武百官的要求站出来的,大理国需要有能力担当的人。于是,国母选择了退让。她骨子里依然是生活在民间,所以大理国开创以来,只有她陪同先王出入民间的农事活动。此刻,由于段思良的争权,她看到了那赤裸裸的、难以遏制的权欲,稚嫩的思英不是他的对手,所以她下了替儿子退隐的决心。946年,在位仅有一年光景的段思英被其叔父段思良废而为僧,自认开国有功的段思良即位。从此以后,大理国在王位继承上由思平、思良两系更替争夺,埋下了激烈的权力斗争的伏线。

段思英被废为僧后,在大理崇圣寺修行。段思英是被废为僧的首位国王,在位期间用过一个年号——文经,故史称其为大理文经帝。

九、元跨革囊——大理国的灭亡

与唐王朝和南诏的关系相比,大理国与两宋王朝之间的关系要松散得多。后人常引用两件事来说明这种松散的关系:一为"宋挥玉斧",一为大理国被列入《宋史·外国传》。

"宋挥玉斧"的发生源于南诏与李唐王朝的关系。唐朝后期,南诏屡犯西川,唐王朝为应对南诏,沿大渡河设防,以河为界,阻击南诏过河攻掠各地。因此,大渡河成为唐王朝与南诏之间事实上的边界线。建隆元年(960年),赵匡胤建立宋朝。五年之后的乾德三年(965年),后蜀孟昶降宋,今四川、重庆一带统一于宋王朝,宋地与大理国辖境直接相连。大理国派建昌守将到成都祝贺,主动表达了与赵宋王朝通好的愿望。

在昆明大观楼的大门两侧,有一副清代名士孙髯翁撰写的,气势恢宏、大气磅礴的一百八十字的大观楼长联——

> 五百里滇池奔来眼底,披襟岸帻,喜茫茫空阔无边。看:东骧神骏,西翥灵仪,北走蜿蜒,南翔缟素。高人韵士,何妨选胜登临。趁蟹屿螺洲,梳裹就风鬟雾鬓;更苹天苇地,点缀些翠羽丹霞,莫孤负:四围香稻,万顷晴沙,九夏芙蓉,三春杨柳。

> 数千年往事注到心头,把酒凌虚,叹滚滚英雄谁在?想:汉习楼船,唐标铁柱,宋挥玉斧,元跨革囊。伟烈丰功,费尽移山心力。尽珠帘画栋,卷不及暮雨朝云;便断碣残碑,都付与苍烟落照。只赢得:几杵疏钟,半江渔火,两行秋雁,一枕清霜。

上联写滇池风物,似一篇滇池游记。下联追述云南的历史,其中

昆明大观楼

"宋挥玉斧"四字概括的就是一段在云南民间广为流传的历史故事，它给大理政权与宋王朝之间的关系蒙上了一抹离奇的色彩。传说，宋太祖赵匡胤有把玩各种玉斧的嗜好，在谈论军机大事时，也以玉斧作为决断。陈桥兵变，宋太祖登基，他在完成统一中原的计划中首先考虑的是统一南方。在平定四川的后蜀政权后，有人建议他继续进兵云南。而宋将王全斌则建言，认为唐朝灭亡源于南诏，所以不应与大理国发生关系。于是，这个以黄袍加身登上皇帝宝座的大宋开国君主却儿戏般地用玉斧在地图上沿大渡河一划，然后说："自此以外，朕不取。"于是，就有了宋朝以大渡河为界的说法。至于宋太祖是否曾经挥过玉斧，尚无法确证，但从史实看，宋王朝平蜀以后，确实没有南下大理。可以说，大理国与宋朝基本上以大渡河为界的形势，这既是宋朝的无奈，也是宋朝的明智之举。宋朝建国之初，它的北方兴起了一个由契丹人建立的辽国；不久，它的西北面又兴起一个由党项人建立的西夏政权；它的西面还有吐蕃、回纥等势力的牵制。特别是女真族势力兴起以后，步步南下，最终以金戈铁马踏入中原。从北宋到南宋，朝廷的战略重心一直在北方。宋王朝非常清楚"北有大敌"，集中一切力量对付北边的敌人，没有精力考虑西南方向的大理国的问题。宋王朝采取的是收缩政策，直接统治区域不越过大渡河。大理国较之南诏政权，在政治上没有明显的扩张野心，相反的对宋王朝一直主动要求结好和往来，并时时处于一种"臣服"的状态，但是宋王朝对大理国的冷淡，又使双方的关系表现得若即若离。

"宋挥玉斧"的典故反映了宋王朝对大理国的基本策略。当时就有人评价此事说，以大渡河为界，使大理国欲寇不能，欲臣不得，是"最得御戎之上策也"。

大观楼长联中的"元跨革囊"，指的是蒙古进兵灭亡大理国，这不仅是中国古代历史上，也是世界古代历史上很著名的一个战例。"元跨革囊"这四个字概括了这一千里奔袭、出奇制胜的军事奇迹。

13世纪初，一代天骄成吉思汗统一了蒙古草原，一个新兴而富有朝气的蒙古国在北方崛起。蒙古贵族凭借着马上民族那种强悍而势不可当的气势，刮起一阵阵向西、向南扩张的飓风。从1206～1258年，蒙古的金戈铁马所向披靡，成吉思汗与他的儿子西征的结果就是将领土扩张到了中亚细亚、东欧和西南亚的部分地区，建立起一个以蒙古地区为中心、地跨欧亚的蒙古大帝国。在1234年灭掉了金朝后，蒙古势力又向南发展，对南宋展开了全面的攻势。蒙古采取先灭大理国，形成从南面包抄宋朝的态势，以最终消灭南宋的策略。在蒙古军强大的攻势面前，大理国岌岌可危。

其实，大理国立国三百多年来，从未对外用兵。当时面对宋、辽、金、西夏与蒙古之间的斗争，大理国一直置身事外，不予理会。然而，蒙古的战略——"斡腹之举"，却将大理国牵入了战争之中。所谓"斡腹之举"，即先出奇兵灭大理国，然后再由大理派一支军队对南宋腹地发动攻击，南北夹击，一举消灭南宋。这个策略看起来简单，实施起来颇具难度。蒙古对大理国用兵也是颇费周折。据考证，蒙古前后三次对大理国用兵，方才取得胜利。

最早的用兵是在成吉思汗时。一次，成吉思汗向大臣郭宝玉询问夺取中原之策，郭宝玉回答道：应该先攻取巴蜀、大理，然后借其兵力，顺势灭掉金国，再合围南宋。据有的文献资料记载，成吉思汗确曾派遣过一支军队进攻大理国，军队到达金沙江边的铁桥城而还。1244年，窝阔台继承蒙古汗位，命令前去征伐蜀的蒙古军抽调精兵攻取大理国，据说当时调集的军队达二十万之众。大军由川西过大渡河，越金沙江，直奔大理。大理国王段祥兴命令将军高禾率部迎敌，在今丽江九禾一带与蒙古军展开激战。1252年，蒙古宪宗蒙哥命令他的弟弟忽必烈率十万大军从蒙古出发，分兵三路征讨西南，进攻大理国。"元跨革囊"指的就是这次对大理国的征讨。1253年夏，忽必烈驻兵六盘山，将兵马、粮草、器械等准备充足，于秋天进至临洮，取道吐蕃，分兵三路直逼大理。10月，忽必烈率领军队来到了金沙江边，面对滔滔江水，在无船可渡的情况下，采用了"革囊渡江"的办法。革，皮也，顾名思义就是皮子做的气囊。在中国北方，特别是黄河两岸，普通百姓都是乘革囊过河。革囊一般用羊皮做成，其制作的方法大概是将羊宰杀之后，用细管向羊皮中吹气，使皮肉之间产生气流，再用力捶打羊皮，羊皮就会与羊肉分离。这时，割下羊头与四肢，然后将羊皮从头部向下撕拉，羊皮就会完整地剥落下来。这时，只要将羊的头部、四肢的孔洞扎紧，向皮囊中吹气，羊皮就膨胀为鼓鼓囊囊的革囊。这种革囊，人们可以借之只身渡河，也可以用它承载木筏，同时让许多人漂浮过河。大致来说，大凡水流湍急，不易舟楫的河流，都采用这种"革囊渡江"的方式。"革囊渡江"使蒙古军顺利渡过金沙江，进入云南。中路军马渡过大渡河、金沙江，一改以往屠城的残暴行径，采取"禁杀掠、焚庐舍"的政策，军队所经过的地方如丽江的麽些等部族主动归降。忽必烈也曾经派遣使臣到大理国的阳苴咩城招降，但是都被大理国王段兴智拒绝。不仅如此，段兴智还杀掉了蒙古的使臣。1253年12月，蒙古军队大举进攻，攻破了阳苴咩城北面号称"金城汤池"的龙首关，兵锋直抵大理城。大理国自以为有点苍山和西洱河为天然屏障，根本不把蒙古军放在眼里。谁料想段兴智和权臣高太祥等亲自率军背城迎战，却一败涂地。忽必烈再一次遣使招降，仍然被大理国拒绝。于是，忽必烈下令攻城，志在必得。这时，蒙古军的东路和西路军马与中路汇合，形成了强大的军事攻势。同时，强悍的蒙古军队犹如有神灵相助，居然神奇地登上了点苍山。当他们在点苍山上居高临下向大理示威时，阳苴咩城中顿时一片混乱。因为，一向被视为天然屏障的点苍山居然会被蒙古人所占领，一时间山上遍布蒙古军马，战旗摇曳，在这样的形势下，大理国人怎么会不慌乱？怎么可能有效还击呢？终于，阳苴咩城不战而破，段兴智逃往鄯阐城（今昆明）。

1254年，蒙古军攻破鄯阐城，统治云南地区达三百一十六年之久的大理国政权覆灭。

今天，在大理三月街的大坡上，竖立着一块著名的大碑——元世祖平云南碑。该碑记述了蒙古军进攻大理国的整个过程。大碑立于元成宗大德八年（1304年），由翰林程文海撰文，是为歌颂忽必烈的丰功伟绩而建立的。

在数千年的历史长河中，一个政权的覆灭不过是一朵小小的浪花，但是大理政权的覆灭，却是阳苴咩城数百年国都历史的终结。今天，当人们在大理古城下漫步，是否会忆起当年皮逻阁一

元世祖平云南碑

统洱海，被封为"云南王"的辉煌；是否会记得阁罗凤开疆拓土，一统云南的威武；是否会感觉到异牟寻归唐的炽热，以及"苍山盟誓"的感天动地；是否会为南诏王身着盔甲，外披虎皮，在成百上千人的簇拥下迎接大唐使节的盛况所感染。

南诏和大理政权所创造的一隅辉煌随着大理政权的覆灭而消逝了，曾经具有王者风范的古城成为历史。在古都的行进中，人们会发现，历史从来都不以任何人的意志为转移，而是毫不犹豫地按照自己的轨迹发展。因此，阳苴咩城，或说大理古城犹如一条小溪，随着百川汇海的趋势融入华夏文明的主流。

1253年，蒙古军攻破了阳苴咩城；1254年，蒙古军攻破鄯阐，灭掉了大理政权。从此，那个曾经在云南历史上独领风骚的古都成为一座普通的城市。元代以后，大理古城进入一个新的发展时期，那就是自汉晋以来又一次明确地纳入中国地方行政城市的网络。

蒙古人灭掉大理政权以后，基本占领了云南地区，但是灭宋的战争还在继续，蒙古内部又存在着汗位争夺的斗争，因此占领云南并不意味着蒙古人能迅速对这一地区实行有效统治。同时，能否真正统治一个发展较蒙古先进的社会、一片领土较蒙古更为广袤的土地，不仅蒙古国自身面临着在政治、经济、文化各个方面不断完善和改进的任务，而且蒙古国必须依靠其他的民族进行统治。

在大理国被灭的最初几年里，兀良合台管理云南的各种事务。在他统治的四年多时间里，行政方面，他在原来大理政权行政区划的基础上，设立了"万户府""千户所"和"百户所"等。这些"户所"的头目多由当地的贵族充任，但是必须接受蒙古人的节制。这种户所制度具有浓厚的军事色彩，源于蒙古国早期实施的既是基本军事单位又是地方单位的"千户制度"。在军事征伐时期，户所制度实际上是一种以军事为主兼及民政的做法。小小的"户所"只能看成是具有民政性质的"准行政"单位，并不是完全意义上的地方行政设治。大约在二十年的时间里，云南地区先后共建立了十九个"万户府"。1256年，在大理地区设"上下二万户府",又叫大理万户府。1257年,在阳苴咩城内外地区设"上中下三千户所"。

1271年,忽必烈自立为汗,正式定国号为元,定北京为国都,并依照宋朝制度建立了一整套中央集权机构,并建立行省制度,云南便纳入当时的四十三个行省之中。1274年,忽必烈派亲信大臣回回人赛典赤出任云南平章政事,设置路、府、州、县各级政府,对云南进行行政管理。赛典赤到云南后着手建立行省。1276年,身为云南行省最高行政官员"平章政事"的赛典赤完成了对此前军事统治下的"万户""千户"和"百户"向行政区划的路、府、州、县的改换,建立了云南行省。同时,他把云南行省的统治中心从大理迁到中庆(今昆明)。至此,"云南"正式成为地方最高行政区划的名称,而大理则正式成为"行省"之下的二级行政区,苍洱地区的"太和县"则是"路"之下的三级行政区。赛典赤并开办学校,实行科举,兴修水利,

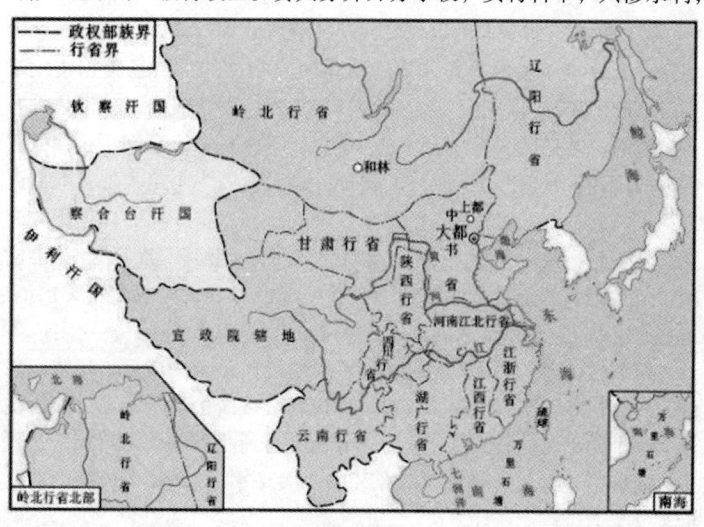

元朝时期云南行省区域示意图

云南在与全国同步前进的道路上又迈出了重要的一步。

元朝虽然是一个多民族的大一统的国家，云南行省归入元朝的版图，但是由于蒙古统治者对少数民族地区采取了特殊政策，所以在大理地区又一度出现段氏割据的情况。大理段氏的割据应当从"大理总管"的设置说起。

按照元朝统治者的主观愿望，大理在元朝成为路一级的地方行政区，标志着大理从一个西南地区独立的地方政权下降为大一统疆域内的普通城市。特别是当赛典赤将云南行省的统治中心从大理城迁到中庆府城（今昆明）以后，阳苴咩城或者说大理城不仅失去了王都的地位，而且也从此失去了云南统治中心的地位。这不仅是大理政治地位的变更，也是元朝西南战略重心转移的表现。但是，大理地区政治形势的发展与统治者的初衷相悖，那里出现再次割据的局面，这是元朝统治者没有想到的。

蒙古作为北方兴起的少数民族，纯蒙古族人口非常有限。而且要实现对大一统国家的治理，蒙古人还缺乏相应的统治经验和文化素养。因此，在元朝的统治中，虽然依靠蒙古人是首要条件，但是没有各民族的协助是根本不可能的。在蒙古攻破大理，灭鄯阐不久，臣服蒙古的段兴智就献出大理地图，协助兀良合台，为平定大理各部出谋划策。由此，段兴智获得继续镇守大理的权利。1261年，即位不久的忽必烈敕封段实——段兴智的弟弟为"总管"，赐其"虎符"，诏准段氏"领大理、鄯阐（今昆明）、威楚（今楚雄）、统矢（今姚安）、会川（今会理）、建昌（今西昌）和腾越（今腾冲）等城"，规定"各万户以下接受其节制"。蒙古统治者利用段氏原来的威信，抚恤归附的人民，招降归服的民族。这样，段氏在大一统的新形势下，成为统治集团中的重要成员，重新获得在云南地区所享有的统治特权，这就是云南历史上有名的"大理总管"或"大理军民总管"，段氏的后代世袭这个职位有十一代之久。

"大理总管"的设置有其特殊性。蒙古势力进入云南之初，曾遭到当地人民的强烈反抗，所以大理总管的设置对稳定云南局势起过重要作用。但是，当局势稳定以后，这些在元朝统治者的支持下上台的"总管"羽翼逐渐丰满，很快又成为掣肘元朝中央集权的力量。

长期以来，元朝统治者对大理段氏一直存有防范之心，而层层防范是统治者的天性。1267年以后，忽必烈屡屡封他的儿子为"云南王"，统辖大理、鄯阐、茶罕章（今丽江一带）、赤兔哥儿（今贵州西部）、金齿（今保山、德宏、西双版纳、临沧一带）等地方；设"大理等处行六部"，管理云南行政事务；设"大理等处宣慰司都元帅府"，管理云南军事。其中，军事机构的治所地处因形势需要而定，像"大理金齿宣慰司都元帅府"的治所就不在大理城，而是在永昌府城。这不能不说是元朝统治者有心削弱和钳制大理总管军事权利的良苦用心。建立云南行省后，行省长官左承、右承和平章政事等虽然由朝廷委派，但是云南王的权限却始终在云南行省长官之上，起监督的作用。忽必烈又封皇孙为梁王（元朝诸王中等级最高的王），地位在云南王之上。这样，云南王、梁王和行省长官的关系常常处于错综复杂的矛盾之中，而大理总管与云南王、梁王的关系时分时合，大理城又成为权利斗争的一个中心。

在大约第五代大理总管段隆时期，双方的关系开始恶化。依照当时的习俗，如果土官没有子嗣，其妻可以代管族内事务，这种风俗也得到皇帝的恩准。但是，元英宗至治三年（1323年）梁王到达洱海，立保和奴之子为品甸王。梁王的行为激怒了段氏，所以他前脚才离开，段氏部下随后就杀掉了品甸王。到第八代总管段光时，双方以兵戎相见，段氏最终以罗那关（牟定西）为界，派兵镇守，各自分地而治。到第九代总管段功时，即使段功成为梁王的女婿，也曾为梁王立下赫赫战功，但最终还是被害于梁王的帐中。

在元代，大理还有一个名称叫做"哈剌章城"。在马可·波罗的笔下，元代大理是一个"臣属大汗"的城市，叫哈剌章城。"大汗"就是指元朝的皇帝；"臣属"就是指大理与中央的关系。"臣属大汗"

四个字极其精练地点明了大理城的行政地位。事实上，当时的大理城既是在元朝大一统政权的统治下，又是在相当复杂的政治斗争中生存发展。无论怎样，"臣属大汗"使中央王朝的政治、经济和文化政策全方位地、颇有力度地向云南、向大理渗透，元代大一统的政治局面为大理城走向综合型、多功能城市的发展开辟了道路。

1368年，明王朝建立之初，云南还处于元朝残余势力梁王的控制之下。大理段氏、麓川（今德宏瑞丽）思氏及乌撒（今威宁）、乌蒙（今昭通）、东川、芒部（今镇雄）等地的白族、彝族、傣族等民族的首领也纷纷起义割地称雄。当时明王朝忙于政权初建稳定大局的各种事宜，无力以武力平定云南。在明初的十余年里，朝廷多次派使臣到云南劝降，以允许梁王保持封号、允许段氏做大理国王为条件，但都遭到拒绝。于是，洪武十四年（1381年），朱元璋亲自部署，以傅友德为统帅，以蓝玉、沐英为副统帅，率三十万大军征讨云南。仅仅几个月时间，梁王兵败自杀，段氏被活捉，云南地区先后平定。

明朝平定云南后，大体沿袭元朝的行省制度，只是改元朝的"路"为"府"，由省直辖府、州、县和卫所，很快完成了各级行政机构的改造和设置。当时云南行省设有"三司"：一是"承宣布政使司"，掌管一省行政；二是"都指挥使司"，主管一省军政、卫所和屯田；三是"提巡按察司"，主管一省的刑事。中央都察院还临时委派官员到各地巡抚，有权代表中央处理地方事务，他们的权利在"三司"之上。明中叶之后，这种临时委派的形式发展成常制，"巡抚"就成为总决一省事务的最高长官。

云南平定之初，为了安抚少数民族地区的百姓，朝廷沿用此前元代实行的"土官制度"，仍然以少数民族的上层充任当地的官员。但是随着中央集权力量的加强，朝廷开始对云南等边远地区实行大规模的"改土归流"。改土归流是明朝实行的一项非常重要的对边疆地区进行有效统治的重大举措。所谓"改土归流"，就是将原来那些由当地少数民族贵族担任的地方官员——"土官"，全部换成由朝廷正式委派的外籍官员,即"流官"。同时,又在这些地区设"卫",以实行军政分治的措施。明代还对云南实行政治移民措施,大量外地汉人移民云南。移民除了随军队流入即驻扎当地之外,还有从中原腹地及发达地区流入的普通民众。同时,还有一种不同于以往各朝各代对云南进行统治、管理的做法,那就是将段氏和蒙氏贵族逐步迁往北方,欲从根本上清除段氏、蒙氏的影响。应当说,明朝通过"改土归流""府卫参设""政治移民"等政策的实施,中央王朝才真正实现和完成了自两汉以来对大理地区的有效控制,才真正剥夺了从蒙氏到段氏地方势力盘踞大理数百年所获得的政治、经济特权,大理才完全归属于中央王朝。

1644年建立的清朝,是中国历史上又一个由强大的北方民族——满族贵族建立的王朝。在清朝建立之初的几十年间,云南先后经历了由南明永历小朝廷、孙可望、李定国等控制和吴三桂割据统治的时期。1662年,年仅8岁的玄烨登上了皇位,即康熙皇帝。他成年以后,果断地采取"平三藩"的政策,终于在康熙十七年(1678年)彻底平定了吴三桂的叛乱,将云南控制在中央王朝之下。清朝沿用明朝的制度,仍然设大理府、太和县,而大理府和太和县的治所依然是大理城。

十、结束语

从细奴逻算起,南诏政权持续了二百余年。在这二百余年间,南诏游移在唐王朝与吐蕃之间,或与吐蕃结盟,或臣服于唐朝,曾演绎出无数壮伟而鲜活的历史剧。南诏王国亡于902年。其后,又先后出现过大长和、大天兴、大义宁等过渡性地方政权。此时的中原地区群雄逐鹿,为争一顶帝冠而杀得天昏地暗,日月无辉,根本无暇他顾。白族贵族段思平占尽天时,守着地利,再加上顺应人心,很快建立并巩固了大理国。到936年,他又重新统一了原来南诏疆域,仍以阳苴咩城为其都城。二十年后,赵匡胤建立起北宋政权,定都东京(今开封)。赵氏王朝是中国历史上最弱的一个王朝,从诞生之日起就先天不足,北方先后有契丹、女真人成心腹之患,西有西夏、吐蕃虎视眈眈,南面还有一个大理国,不强也不弱,总让人担着一点心。在这种局势下,大理国又安然幸存了三百年。较之于南诏,大理国更平和谨慎,虽然其内部充满了各种各样的矛盾,但几乎没有剧烈的动荡,而且一直称臣于宋。

1253年,忽必烈率蒙古铁骑由青藏高原南下,攻入大理,大理国亡。唇亡而齿寒,二十年后,偏安于杭州的南宋王朝在蒙古人的南北夹击下亦灭亡。

南诏和大理国一共存在了五百余年。由于所处的地理位置夹在中原、吐蕃和南亚、东南亚之间,南诏和大理国注定必须不断地通过与周边地区的交流与学习,借鉴其成功经验,以巩固自己的政权,客观上使云南,更主要的是使大理地区的宗教、艺术、经济、文化都得到了长足的进步和发展。元朝时,云南行省建立,昆明取代大理而成为行政中心,大理则作为路、府等政区机构所在地一直延至清代。

新中国成立后,大理进入到一个全新的时代,1956年成立了大理白族自治州。如今,大理获得了前所未有的发展,宽畅的街道,如流的人群,繁华的街市,琳琅满目的商品,以及不断向东、向南拓展的城市和街区,无不显示出古老的大理跻身于中国当代城市的勃勃生机。同时,大理又依然保留着一种静谧、古朴、凝重的本色。如今,大理已发展成为滇西重镇,已发展成为云南的交通枢纽和旅游中心城市。

往事越千年。回顾往昔再看今朝,云岭大地苍洱之间,南诏、大理国时期的感性的文化遗存俯拾皆是:巍山垅圩图山都城、大理崇圣寺三塔、剑川石窟、弥渡铁柱、昆明古幢、东西寺塔……这些,都是一个王朝的背影和遗存。